Gerhard J. Bellinger

Augustinum Bonn

Gerhard J. Bellinger

40 Jahre Augustinum Bonn

Geschichte und Gegenwart

WIDMUNG

DAS JAHR 2014 IST FÜR DAS AUGUSTINUM EIN DREIFACHES JUBILÄUMSJAHR: DAS 60-JÄHRIGE GRÜNDUNGSJUBILÄUM DES "EV. SCHÜLERHEIMVEREINS E. V. IN MÜNCHEN-PASING" AM 12. MAI 1954 UND DAS 40-JÄHRIGE JUBILÄUM DER EINWEIHUNG DES BONNER AUGUSTINUM AM 6. JUNI 1974
ZUDEM IST ES DER 100. GEBURTSTAG
DES AM 16. AUGUST 1914 IN NÜRNBERG GEBORENEN PFARRERS GEORG RÜCKERT.
IHM,
DEM WEITSICHTIGEN INITIATOR UND LENKER DER CHRISTLICHEN SOZIALGRUPPE COLLEGIUM AUGUSTINUM,
SOLL DIESE HISTORISCHE UNTERSUCHUNG
GEWIDMET SEIN.

© 2014, Gerhard J. Bellinger

Herstellung und Verlag: BoD - Books on Demand, Norderstedt

ISBN 978-3-7357-9374-4

Inhaltsverzeichnis

Vorwort

Für das Thema "Augustinum Bonn" habe ich recherchiert sowohl in München, wo die Augustinum-Gruppe durch ihren Gründer Pfarrer Georg Rückert ihren Anfang genommen hat, wie auch im Bonner Stadtarchiv mit seiner umfangreichen stadtgeschichtlichen Dokumentation und insbesondere der Zeitungsausschnittsammlung..

Mein Dank gilt allen Archivaren und deren Mitarbeitern in München und in Bonn, die mir bei der Beschaffung des notwendigen Materials behilflich waren.

Zu besonderem Dank weiß ich mich Prof. Dr. Markus Rückert verpflichtet, der mir seinerzeit vor der Abfassung meines ausführlichen wissenschaftlichen Beitrags über seinen verdienten Vater für das Biographisch-Bibliographische Kirchenlexikon (BBKL) detaillierte Lebensdaten übermittelt hatte.

Bonn, im September 2014

Gerhard J. Bellinger

Einführung

Für das Thema "Das Bonner Augustinum in seiner Geschichte und Gegenwart" habe ich recherchiert sowohl in München, wo die Augustinum-Gruppe durch ihren Gründer Pfarrer Georg Rückert ihren Anfang genommen hat, wie auch im Bonner Stadtarchiv mit seiner umfangreichen stadtgeschichtlichen Dokumentation.

Wer in Bonn am Hauptbahnhof in eine der drei Buslinien 600 oder 601 oder auch 551 Richtung Bonn-Nord einsteigt, hört nach 8 Haltestellen die freundliche weibliche Ansagestimme: "Nächste Haltestelle 'Augustinum'." - Die Betonung liegt hier immer auf der ersten Silbe.

Wie dieser *Liniennetzplan von Bonn* bestätigt, hat es dieses Wohnstift in

Bonn zu einem solchen Bekanntheitsgrad gebracht, daß sogar eine Haltestelle an der Römerstraße in nördlicher wie auch in südlicher Richtung nach dem Augustinum benannt ist.

Auch jeder *Stadtplan von Bonn* hat das Wohnstift Augustinum mit seinem Gebäudekomplex eingezeichnet, allerdings hier mit dem Zusatz "Altenheim".

I. DIE ANFÄNGE DES AUGUSTINUM IN MÜNCHEN

Die Anfänge des Bonner Augustinum liegen in München, wo in gewisser Weise dessen "Elternhaus" steht.

1. Der Gründer des Collegium Augustinum: Pfarrer und Religionslehrer Georg Rückert (1914 - 1988)

Der am 16. August 1914 in Nürnberg geborene Georg Rückert ist in einem ev.-luth. Elternhaus aufgewachsen und gehörte seit früher Jugend als Mitglied dem CVJM[1] Nürnberg an. Nach dem Abitur am humanistischen Melanchthon-Gymnasium studierte Rückert Evangelische Theologie und Philosophie zunächst bis zum WS 1935/36 an der Universität in Erlangen. Sein Theologiestudium, das im SS 1935 aufgrund des Arbeitsdienstes unterbrochen werden musste, setzte er im SS 1936 an der Universität Rostock und dann vom WS 1936/37 bis zum SS 1937 wiederum an der Universität in Erlangen fort und schloss es hier mit dem 1. Examen, der Theologischen Aufnahmeprüfung, ab.

Erste Berufserfahrungen als Vikar konnte Rückert 1937/38 in Nürnberg und 1938/39 in Freising machen, bevor er am 5. März 1939 in Nürnberg-Gostenhof seine Ordination ins geistliche Amt der Ev.-Luth. Landeskirche in Bayern erhielt. Noch im Februar 1940 konnte er sein 2. Examen, die Theologische Anstellungsprüfung, ablegen, obwohl er bereits am 1. September 1939 - mit Beginn des Zweiten Weltkriegs - als Soldat der deutschen Wehrmacht einberufen worden war.

Als der im Krieg verwundete Oberleutnant der Reserve im Juli 1945 aus halbjähriger Kriegsgefangenschaft in Südfrankreich entlassen worden war, wurde er zunächst von September 1945 bis April 1946 Stadtvikar in Treuchtlingen und danach von Mai 1946 bis Juni 1948 Exponierter Vikar in München-Großhadern.

Ab 1. Januar 1949 (bis 1963) war er in München-Pasing als Studienprofessor für Evangelische Religionslehre am humanistischen staatlichen Karlsgymnasium[2] und am staatlichen Max-Planck-Gymnasium[3] sowie zugleich als Dozent für Ev. Religionspädagogik an der damaligen Hochschule für Lehrerbildung[4] tätig.

Das Foto zeigt das *Lehrerkollegium* des Karlsgymnasiums und - in der 3. Reihe von oben, 2. von links - Pfarrer Georg Rückert.[5]

Aus seiner seit Juli 1950 bestehenden Ehe mit Gertrud Rückert, der Tochter eines fränkischen Pfarrers, stammen der Sohn Markus und die drei Töchter Barbara, Johanna und Sabine. Markus und Johanna haben wie ihr Vater evangelische Theologie studiert und sind zum Pfarrer bzw. zur Pfarrerin ordiniert worden. Die Rückerts hatten ein Familien-Haus in München-Pasing in der Croisssant-Rust-Straße gebaut, die zum Seelsorgebezirk der evangelisch-lutherischen Himmelfahrtskirche gehört.

2. Die Gründung des "Evangelischen Studienheims Augustinum e. V." in München Pasing (1954)

Unter dem Eindruck der großen Wohnungsnot und Armut seiner Schüler - etliche Schüler waren Kriegswaisen, Halb- und auch Vollwaisen und mussten stundenlang zum Schulunterricht laufen oder am Rande der Stadt in Notunterkünften wohnen - gründete der Religionslehrer und

9

Pfarrer Georg Rückert am 12. Mai 1954 im Pfarrhaus der Ev.-Luth. Himmelfahrtskirche in München-Pasing zusammen mit weiteren 6 Gründungsmitgliedern den „Ev. Schülerheimverein in München-Pasing e. V.", der ein halbes Jahr später - am 13. November 1954, dem 1600. Geburtstag des Kirchenvaters Augustinus (*13.11.354) - in "Evangelisches Studienheim Augustinum e. V." umbenannt wurde.

Das Gründungsdatum des "Ev. Schülerheimvereins e. V. in München.Pasing" am 12. Mai 1954 wird in allen Einrichtungen des Augustinum als ihr Gründungsdatum angesehen und in zeitlichen Abständen als Jubiläum festlich begangen. Schon nach gut einem Jahr der Vereinsgründung konnte das „Collegium Augustinum" in der Dachstrasse 19, Ecke Wilhelm-Hey-Straße[6] am 1. September 1955 eröffnet werden.

Die *Luftaufnahme* zeigt das Studienheim und Internat zur Zeit der Eröffnung 1955, während die Umgebung noch weitgehend unbebaut ist.[7]

Es war das erste evangelische Studienheim und Internat in Oberbayern für 60 mittellose Schüler in München-Pasing. In diesem Internat waren vier Jungen in einem Zimmer untergebracht. Zehn Jungen wurden von einem Erzieher betreut. Die Internatsschüler besuchten die umliegenden Pasinger Schulen, vor allem das nahegelegene *Karlsgymnasium,* an dem

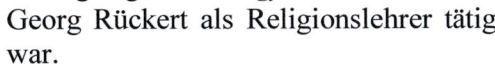

Georg Rückert als Religionslehrer tätig war.

In der *Eingangshalle* des Internatsgebäudes befindet sich ein von Walter Habdank, einem eng befreundeten Künstler des Georg Rückert, gefertigtes deckenhohes Mosaik *"Augustinus und das Kind am Meeresstrand"*.

Die auf dem Mosaik dargestellte Legende stellt eine sichtbare Verbindung zwischen Augustinus, dem Namengeber des Internats, und den Internatsschülern her.

Ebenfalls von Walter Habdank stammt an der Schmalseite des Studienheims zur Straßenseite hin eines seiner ersten Kunstwerke von 1962: ein sogenanntes bayerisches "Lüftl-Mosaik".

Der Text in der Mitte unterhalb des Mosaiks mit dargestellten Lebewesen aus der Schöpfungsgeschichte: "ALLES, WAS ODEM HAT, LOBE DEN HERRN" stammt aus Psalm 150, Vers 6.

Da Georg Rückert neben seiner Unterrichtstätigkeit als Religionslehrer am Gymnasium außerdem an der Pasinger Lehrerbildungsanstalt Religionspädagogik lehrte, sorgte er sich auch um die damalige Wohnungsnot der Studenten. Demzufolge wurde am 7. Januar 1958 direkt neben dem Haupthaus das nach der Mutter des Augustinus benannte Studentinnenhaus "*Monika*"[8] in Betrieb genommen, ein Wohnheim für junge Frauen, die sich an der Lehrerbildungsanstalt in Pasing zu Hausarbeits- und Hauswirtschaftslehrkräften ausbilden ließen.

Zwei weitere Studentinnenwohnheime, deren Bauten im Januar 1966 begannen und im September fertig gestellt wurden, folgten. Es waren das nach Rückerts ältester Tochter Barbara benannte Haus "*Barbara*"[9] in der Wilhelm-Hey-Straße und das nach seiner jüngsten Tochter Sabine benannte Haus *"Sabine"*[10] in der dazu parallel verlaufenden Stapferstrasse. Beide Häuser sind durch einen großen Garten miteinander verbunden.

Die aktuelle *Luftaufnahme* zeigt das in München-Pasing noch heute existierende Evangelische Studienheim Augustinum, dessen Träger das SchulCentrum Augustinum München ist. Es umfasst in München-Pasing[11] das sogenannte Haupthaus an der Dachstraße 16 mit dem Schulgebäude an der Wilhelm-Hey-Straße - sowie das Haus Monika (für Mädchen), das Haus Barbara (für Jungen) und das Haus Sabine (für Jungen und Mädchen).

3. Das erste Wohnstift München-Neufriedenheim (1962)

Nachdem Pfarrer Georg Rückert sich als Religionslehrer bisher insbesondere für junge Menschen, für Schüler und Studenten, engagiert hatte, nahm gegen Ende der Fünfzigerjahre seine Vision die Senioren betreffend reale Gestalt an. Anstelle der in damaliger Zeit typischen Alten- und Pflegeheime sollten die Senioren jetzt in Wohnstiften mit eigenen Appartements möglichst selbständig und auch in einem betreuten Rahmen leben können. Auch pflegebedürftig gewordene Bewohner sollten sich in ihren eigenen vier Wänden versorgen lassen können.

Diese Wohnstifte für ältere Menschen gehören heute zu Georg Rückerts bekanntestem christlich-sozialen Lebenswerk.

An ihrem Anfang stand am 29. Januar 1957 die Gründung des Vereins „Ev. Stift Augustinum e. V. München" als Träger für ein zu errichtendes Wohnstift durch 11 Gründungsmitglieder. Bereits im Januar 1962 - also 5 Jahre später - konnte das erste Wohnstift München-Neufriedenheim in München-Kleinhadern fertig gestellt werden.

Auf dem Weg zum Haupteingang des heute 5 Häuser umfassenden Augustinum München-Neufriedenheim, rechts das Haus 1, das erste und älteste Wohnstift-Gebäude, das sog. Stammhaus von 1962.

1962 (3. Januar): Eröffnung des ersten Augustinum Wohnstifts in **München-Neufriedenheim**
1968 (21. Juni): Eröffnung des zweiten Augustinum Wohnstifts **Dießen am Ammersee**
1968 (28. Juni): Eröffnung des dritten Augustinum Wohnstifts **Bad Neuenahr**
1972 (16. Juni): Eröffnung des vierten Augustinum Wohnstifts **Stuttgart-Sillenbach**
1974 (8. März): Eröffnung des fünften Augustinum Wohnstifts **Mölln**
1974 (19. April): Eröffnung des sechsten Augustinum Wohnstifts München-Nord in **München-Hasenbergl**
1974 (24. Mai): Eröffnung des siebten Augustinum Wohnstifts **Bad Soden** im Taunus
1974 (6. Juni): Einweihung des achten Augustinum Wohnstifts Bonn
1974 (13. November): Übernahme des neunten Augustinum Wohnstifts **Braunschweig**
1975 (30. Mai): Übernahme des zehnten Augustinum Wohnstifts **Detmold**
1975 (1. Juni): Eröffnung des elften Augustinum Wohnstifts **Schweinfurt**
1976 (15. Oktober): Eröffnung des zwölften Augustinum Wohnstifts **Heidelberg**
1976 (17. Oktober): Eröffnung des dreizehnten Augustinum Wohnstifts **Überlingen**
1978 (26. Mai): Eröffnung des vierzehnten Augustinum Wohnstifts **Essen**
1979: Eröffnung des fünfzehnten Augustinum Wohnstifts **Dortmund**
1985: Eröffnung des sechzehnten Augustinum Wohnstifts **Freiburg**
1985: Eröffnung des siebzehnten Augustinum Wohnstifts **Roth bei Nürnberg**
1986: Eröffnung des achtzehnten Augustinum Wohnstifts **Aumühle** bei Hamburg
1993: Eröffnung des neunzehnten Augustinum Wohnstifts **Kassel**
1994: Eröffnung des zwanzigsten Augustinum Wohnstifts **Hamburg**
1997: Eröffnung des einundzwanzigsten Augustinum Wohnstifts **Kleinmachnow bei Berlin**
2010: Eröffnung des zweiundzwanzigsten Augustinum Wohnstifts **Stuttgart-Killesberg**
2013: Eröffnung des dreiundzwanzigsten Augustinum Wohnstifts **Meersburg am Bodensee**

Aus der Tabelle der 23 Wohnstifte geht hervor, dass noch zu Lebzeiten Georg Rückerts nach München-Neufriedenheim 17 weitere Wohnstifte - bis 1986 "Aumühle bei Hamburg"- eröffnet wurden.

Und nach Rückerts Tod im Jahr 1988 sind zu den damals bestehenden 18 Wohnstiften bis heute noch 5 weitere gefolgt. Allein im Jahr 1974 sind 5 Wohnstifte eröffnet worden. Dazu zählt das Bonner Augustinum, das am 6. Juni 1974 eingeweiht worden ist - also heuer - im Jahr 2014 - sein 40-jähriges Jubiläum feiern kann.

Wie die *Landkarte mit den 23 Wohnstiften* zeigt, sind deren Standorte über die ehemalige Bundesrepublik Deutschland verteilt. Im Norden gibt es 5, im Westen und in der Mitte 6, im Südwesten 7 und im Süden 5 Wohnstifte. Der Osten fehlt bisher.

Außer den Wohnheimen für Schüler und Studenten und den Wohnstiften für ältere Menschen gehört zu Rückerts Lebenswerk die seit 1963 bestehende *Stifts-*

14

klinik Augustinum in München-Kleinhadern, eine Fachklinik für Innere Medizin mit angeschlossener Herzchirurgie in München.

Zu Rückerts Gründungen zählen auch zwei von ihm initiierte *Sonderpädagogische Einrichtungen.*

Das HEILPÄDAGOGISCHE CENTRUM AUGUSTINUM (HPCA) umfasst die im Juni 1972 eingeweihte und bald darauf nach Otto Steiner (1917 - 1995), einem ev.-luth. Pfarrer in München-Hasenbergl, benannte *„Otto-Steiner-Schule"* ebendaselbst mit Tagesstätte für Kinder, Jugendliche und Erwachsene mit geistiger und mehrfacher Behinderung.

Das SCHULCENTRUM AUGUSTINUM für Kinder und Jugendliche mit Hörschädigung und mit besonderem Förderbedarf umfaßt die im September 1971 in München-Nymphenburg eröffnete und nach Samuel Heinicke (1727 - 1790), dem Pädagogen für Taubstumme, benannte *„Samuel-Heinicke-Realschule"*, die erste Realschule für Hörge-

schädigte in Bayern. Als Ergänzung dazu folgte im September 1983 die *„Samuel-Heinicke-Fachoberschule"* in München-Pasing mit den Fachrichtungen Technik und Wirtschaft, Verwaltung und Rechtspflege für Hörgeschädigte, der ein Ev. Studienheim angeschlossen ist. In der Dachstraße 19, im Gründungshaus des Augustinum, befindet sich seit 2006 diese Samuel-

Heinicke-Fachoberschule, eine staatlich anerkannte private Fachoberschule.

Georg Rückert hat auch zwei *Sanatorien* eingerichtet: das eine 1967 in Ammermühle bei Rottenbuch/Obb. und das "Sophien-Sanatorium" 1982 in Thambach als "Beschützendes Haus" für ältere Menschen mit demenzieller Erkrankung. Anstelle dieser beiden Sanatorien gibt es heute das in Bonn-Oberkassel und das in Schwindegg/Obb.

Als Georg Rückert 74-jährig am 31. August 1988 in der Stiftsklinik Augustinum in München-Kleinhadern starb, war ein erfülltes Leben im Dienst christlich-sozialer Diakonie zu Ende gegangen. Die Beisetzung fand am 5. September 1988 in München-Pasing statt, dort, wo sein diakonisches Lebenswerk im Jahr 1954 seinen Anfang genommen hatte.

Heute erinnert auf dem Gelände des Wohnstifts München-Neufriedenheim ein großer *Findling* an den Gründer aller Augustinum-Einrichtungen. Unterhalb des griechischen Buchstabens PHI steht der Text:

"GEORG RÜCKERT / 1914 - 1988 / DEM GRÜNDER DES COLLEGIUM AUGUSTINUM / ZUM BLEIBENDEN GEDENKEN" Über Georg Rückert und sein Lebenswerk kann man zusammenfassend sagen: Insbesondere in den Jahren 1954 bis 1988 ist er als Gründer und Errichter von zahlreichen diakonischen Einrichtungen, die den Namen „Collegium Augustinum" tragen und dessen Vorstandsvorsitzender er war, bekannt geworden. Diese diakonischen Gründungen umfassen „alle Gebiete der Sorge für Mitmenschen, die dieser bedürfen, insbesondere alte, schwache und kranke Menschen nach dem Gesetz Christi: Einer trage des anderen Last". So hat es die Zweckbestimmung der Vereinsgründung „Collegium Augustinum e. V. München" durch 8 Gründungsmitglieder im Januar 1964 vorgesehen. Rückert selbst hat im März 1973 vor der Bayerischen Landessynode das Collegium Augustinum definiert als „eine evangelische Sozialgruppe, die sich auf 4 Arbeitsgebieten betätigt", nämlich in der Altenfürsorge in Wohnstiften, der Krankenpflege in Kliniken, Sanatorien und Kurheimen, ferner der Arbeit mit geistig behinderten und mit hörgeschädigten Kindern in heilpädagogischen Zentren sowie der Betreuung von Schülern und Studenten in Wohnheimen und Studienhäusern. In seinem Vortrag an der Bochumer Ruhr-Universität hat Rückert am 14. Januar 1974 - fünf Monate vor der Einweihung des Bonner Wohnstifts - gesagt:[12] "Gemäß seiner christlich-protestantischen Zielsetzung und Berufung auf den Kirchenvater Augustinus versteht sich das Collegium Augustinum mit seiner Arbeit gleichsam als Spezialist für Randgruppen, für diejenigen, die im Konzert der sozialen Interessen nur mit leisen Instrumenten spielen."

In einem größeren Artikel für das Biographisch-Bibliographische Kirchenlexikon hat der Autor dieser Schrift den Pfarrer und Gründer des Collegium Augustinum zusammenfassend gewürdigt:[13] "Wie der Pfarrer August Hermann Francke (1663-1727) mit den 'Francke'schen Stiftungen' in Halle, wie der Theologe Johann Hinrich Wichern (1808-1881) mit der Gründung des 'Rauhen Hauses' in Hamburg-Horn und wie der Pfarrer Friedrich von Bodelschwing d. Ä. (1831-1910) mit den 'Bodelschwingschen Anstalten' in Bielefeld-Bethel so bleibt auch Pfarrer Johann Georg Gottfried Rückert als genialer Gründer des 'Collegium Augustinum' mit seinen verschiedenen Häusern und Einrichtungen in mehr als zwanzig Orten der Bundesrepublik Deutschland beispielhaft in der Geschichte zeitgemäßer Diakonie."

II. DIE GESCHICHTE DES 1974 ERÖFFNETEN ACHTEN AUGUSTINUM-WOHNSTIFTS IM HEUTIGEN STADTTEIL BONN-CASTELL

1. Das befestigte Römerlager in Bonn "Castra Bonnensia" (43 - 410)

Die Stadt Bonn sieht in der Textstelle des römischen Schriftstellers Florus um 11 v. Chr.: "Errichtung einer römischen Rheinbrücke bei 'Bonna'" einen Beleg dafür, dass der Anfang ihrer Geschichte bis in die Zeit der Römer[14] zurückreicht. Auf diese Textaussage bezogen, hat die Stadt Bonn im Jahr 1989 ihre 2000-Jahr-Feier begangen. Das aus diesem Anlass am 21. Mai 1989 auf dem Rheindamm in Schwarzrheindorf aufgestellte "Römerdenkmal" soll an die römische Vergangenheit der Stadt Bonn erinnern.

Dieses von Gotthold Riegelmann (1864 - 1935) im 19. Jh. als Modell entworfene und von Carl August Brasch (*1866) ausgeführte Denkmal mit der Statue des römischen Staatsmanns Julius Caesar (100 - 44 v. Chr.) weist auf der Rückseite des Sitzes die Inschrift auf:[15] "Gaius Julius Caesar hat als erster über [diesen] Strom eine Brücke gebaut, im Jahre 55 v. Chr." Diese Cäsar-Statue von der alten Bonner Rheinbrücke steht jetzt am Kreuzungspunkt der angenommenen Ostquerung des Rheins.

Das Foto von dem in Schwarzrheindorf aufgestellten Römerdenkmal mit dem jenseits des Rheins liegenden Augustinum Bonn im Hintergrund soll besagen, daß letzteres an der Nordseite der alten Römerfestung "Castra Bonnensia" steht.

Abgesehen davon, dass das Wohnstift Augustinum im Bonner Stadtteil "Castell" liegt, das an das ehemals in der Nähe befindliche befestigte Römerlager, das "Castellum Romanorum", erinnert, ist es umgeben von Straßen mit an die alten Römer erinnernden Namensbezeichnungen: im Norden ist es der "Legionsweg", im Osten "Am Römerlager", im Süden der "Augustusring" und im Westen die "Römerstraße".

Auf diesem Plan einer Bonner Stadtkarte zeichnen sich die Umrisse der 528 x 524 qm großen römischen Legionsfestung, die 43 n. Chr. für die legio I Germanica erbaut worden ist, noch heute deutlich ab. Die *Nordseite* des ehemaligen Römerlagers mit dem Nordtor (porta principalis sinistra, d. i. "linkes Seitentor") verlief entlang dem heutigen *Augustusring*, und die *Südseite* mit dem Südtor (porta principalis dextra, d. i. "rechtes Seitentor") verlief längs des heutigen *Rosental*. Die zum Rhein gelegene *Ostseite* des ehemaligen Römerlagers mit ihrem Osttor (porta praetoria, d. i. "Haupttor") verlief am *Leinpfad*

entlang, und die *Westseite* mit ihrem Westtor (porta decumana, d. i. "Hintertor") war längs der Graurheindorferstraße.

Die Grundaufteilung des Innenraums schufen die beiden *Hauptstraßen*. Erstens war es die von Süd nach Nord einst mitten durch das ehemalige Römerlager verlaufende *"via principalis"* (d. i. die breite Querstraße), die mit der heutigen "Römerstraße" weitgehend identisch ist und an deren Fortsetzung mit seiner Hausnummer 118 das Augustinum liegt. Zweitens war es die West-Ost-Durchquerung des Römerlagers über die "via decumana" und die "via praetoria", deren Verlauf die heutige *Nordstraße* und die *Badener Straße* markieren.

Das circa 25 Hektar große Legionslager fasste voll belegt 10.000 Mann. Nördlich von diesem römischen Legionslager - der gesamte heutige Wohnpark "Am Römerlager", zu dem auch das Augustinum gehört, verweist auf diese Vergangenheit - lag eine "Lederfabrik", in der die Schuhe der Legionäre angefertigt wurden. Südlich von diesem Legionslager liegt der heutige Stadtkern von Bonn, der aus einer Ansiedlung von Familienangehörigen der römischen Legionäre entstanden ist.

An die bis ins Altertum zurückreichende römische Vergangenheit der Stadt Bonn soll auch der Name eines Stadtteils erinnern. So ist der älteste und frühere Stadtteil "Bonn-Nord" jetzt seit Februar 2003 in "Bonn-*Castell*" umbenannt worden, und zwar im Hinblick auf den hier zwischen den Jahren 43 und 410 befindlichen befestigten Lagerplatz der Römer, das "*Castellum* Romanorum".

Viele steinerne Zeugen weisen im Stadtbild von Bonn auf die römische Vergangenheit hin, so auch in der näheren Umgebung des Augustinum. Dem Augustinum gegenüber - an der Mauer des Israelitischen Friedhofs - befindet sich heute in Erinnerung an das ehemalige Nordtor des Römerlagers die Kopie des *Grabsteins* eines römischen Legionärs, dessen Original im Rheinischen Landesmuseum zu sehen ist.

Auf diesem Grabstein lautet die vierzeilige lateinische Inschrift - ins Deutsche übersetzt -:[16] "Dem Publius Clodius, dem Sohn des Publius, aus dem Bezirk Voltina / aus Alba, dem Soldat der I. Legion, / 48 Jahre alt, 25 Dienstjahre. / Hier ist er beigesetzt."

Eine weitere Erinnerung an die Römerzeit stellt diese *Krananlage* dar, ein römischer Hebekran *"Pentaspastos"*. Zur Bedienung dieses 5-Rollen-Flaschenzugs waren 6 Personen notwendig. Er ist 1989 anlässlich der 2000-Jahrfeier Bonns nach einer Beschreibung des römischen Architekten Vitruv aus dem 1. Jh. v. Chr. nachgebaut worden. Eine Darstellung befindet sich auf dem sog. „Kranrelief" vom Grab der Haterier, einer römischen Familie von Bauunternehmern (1./2. Jh.)

2. Der Grund und Boden

Auch der Grund und Boden, auf dem das heutige Augustinum Bonn steht, hat eine konkrete Geschichte, die nachweislich bis in das frühe Mittelalter zurückreicht. Diese ältere *Geländekarte* zeigt die von einer Stadtmauer umgebene mittelalterlichen Stadt Bonn, die Umrisse des ehemaligen Römerlagers und die Lage des Isidorshofes als

frühmittelalterliche Siedlung. Hier - also nördlich vom Römerlager der Antike und außerhalb der Stadtmauern Bonns gelegen - befanden sich eine *Kapelle St. Isidor, die 795* erstmalig beurkundet wurde, und ein seit *1143 bezeugter Gutshof*, der sogenannte *"Isidorshof"*. Beides war nominell Eigentum des Bonner Propstes von St. Cassius.

2a. Der "Augustinerinnen-Konvent bei St. Isidor" (1293 - 1587)

Augustinerinn in der gewöhnlichen Kleidung
Augustine en habit ordinaire

Seit dem Jahr 1293 wird mit dem Isidorshof und mit der Kapelle St. Isidor erstmals ein Kloster der Augustinerinnen in Verbindung gebracht, der sogenannte *"Augustinerinnen-Konvent bei St. Isidor (1293 - 1587)"*,[17] der nach der Ordensregel des Augustinus gelebt hat.

Die *Ordenstracht der Augustinerinnen* und Augustiner besteht aus einem schwarzen Habit, umgürtet mit einem Ledergürtel. Die Nonnen tragen zusätzlich einen Schleier.

Die Mitglieder dieses Augustinerinnen-Konvents bei St. Isidor stammten vor allem aus Köln, Wipperfürth, Bonn und Gymnich. Sie erhielten Einkünfte aus Renten (gestiftet und gekauft), bezogen auf Häuser in Bonn sowie auf Grundstücke und Höfe im Umfeld des Klosters.

Das seit 1293 bestehende Kloster hat ca. 300 Jahre bestanden, bis dass es während der Zeit des sogenannten Truchsessischen bzw. Kölner Krieges[18] 1587 abbrannte und nicht wieder aufgebaut worden ist. Im Rahmen der Kampfhandlungen zwischen dem abgesetzten Kölner Erzbischof Gebhard

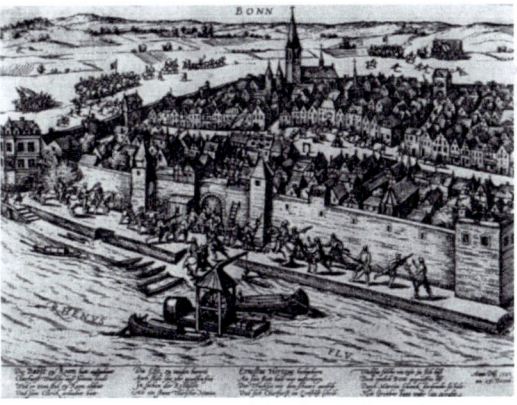

Truchsess von Waldburg (1577-1582) und den protestantischen niederländischen Truppen auf der einen Seite und v. a. den katholischen bayerischen und spanischen Truppen auf der anderen Seite sind eine ganze

Reihe Städte - darunter auch Bonn - belagert und geplündert worden. Der vorstehende *Kupferstich "BONN" von 1587* zeigt die Eroberung[19] der Stadt Bonn von der Rheinseite her durch protestantische niederländische Truppen unter dem Söldnerführer Martin Schenk von Nideggen am 23. Dezember 1587. Dabei wurden die Stadt und das Umland geplündert und z. T. in Brand gesetzt.

Dieser Kupferstich "Bonna capta Anno 1588" zeigt die Rückeroberung der Stadt Bonn durch katholische spanische und bayerische Truppen im September 1588. Im Umland der von Mauern umgebenen Stadt Bonn ist kein Klostergebäude mehr zu sehen, sondern nur noch Truppenaufstellungen.

Als das Augustinerinnenkloster in diesem Truchsessischen Krieg zerstört worden war, haben die Augustiner-Nonnen an verschiedenen Orten Unterschlupf gefunden. Nachdem 1588 der Kölner Erzbischof Ernst von Bayern das aufgelöste Kloster mit allen Besitzungen - u. a. 70 Morgen Ackerland und "Benden" (d. h. im damaligen Rheinland "Feuchtwiesen") - dem Kölner Jesuitenkolleg inkorporiert hatte, geschah dies unter der Voraussetzung, dass das Jesuitenkolleg in Köln die wirtschaftliche Versorgung der Schwestern zu deren Lebzeiten sicherstellte.

2b. Der "Jesuitenhof" (1588 - 1773)

Als 1718 das Eigentum an den Gütern des ehemaligen Hofes St. Isidor vom Kölner Jesuitenkolleg an das Bonner Jesuitenkolleg für 3.000 Reichstaler überging, erhielt es jetzt den Namen *"Jesuitenhof"*.
Im Jahr 1773 - also nur 55 Jahre später - wurden bei der Auflösung des Jesuitenordens durch Papst Clemens XIV. alle Jesuitengüter vom Kölner Kurfürsten Maximilian Friedrich von Königsegg-Rothenfels (1761-

24

1784) zu Schul- und Lehrzwecken bestimmt, namentlich zur Dotierung des Gymnasiums und der im Jahr 1777 gegründeten Kurkölnischen Akademie Bonn, die 1786 von seinem Nachfolger Kurfürst Max Franz von Österreich (1784-1801) in eine Universität umgewandelt wurde, die Vorgängerin der heutigen Rheinischen Friedrich-Wilhelms-Universität.

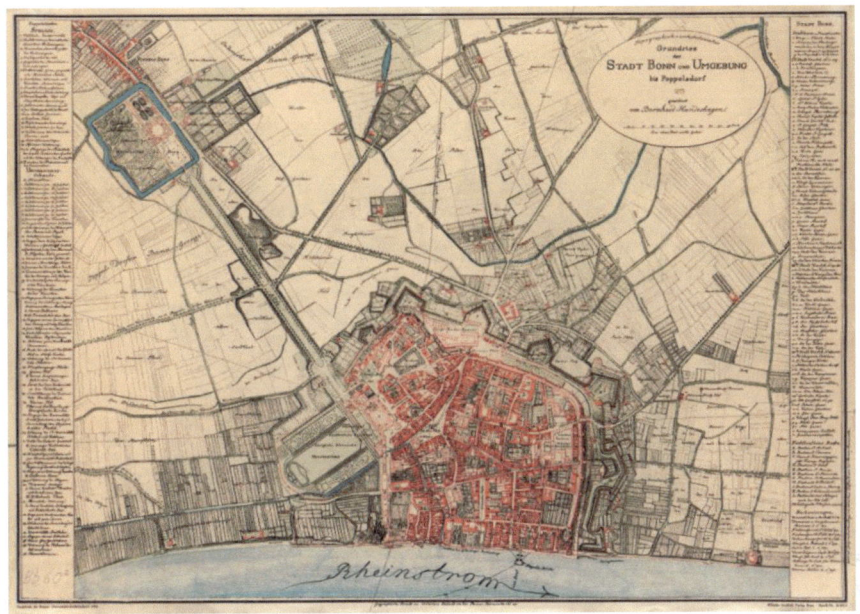

Auch nach der Auflösung des Jesuitenordens behielt der *"Jesuitenhof"* in den Grundrisskarten und auch im Volksmund seinen Namen, wie in dieser *Grundrisskarte der Stadt Bonn und Umgebung von 1819* - rechts unten - zu sehen ist.

Das später im Privatbesitz des Bauunternehmers Möllhausen befindliche sogenannte Gut "Jesuiten-Hof" wurde dann am 7. Januar 1836 versteigert. Laut Verkaufsanzeige durch den Notar Kamp (in der Remigiusstraße Nr. 44) im Bonner Wochenblatt[20] bestand der Jesuitenhof u. a. "in herrschaftlicher Wohnung, Oekonomie-Gebäuden, Stallungen, Remisen ..." usw.[21] Noch heute ist eine Straße in Bonn-Castell im Bereich des ehemaligen Jesuitenhofs als "Am Jesuitenhof" benannt.

2c. Das "Wilhelm-Augusta-Stift" (1879 - 1969)

Die Geschichte des "Wilhelm-Augusta-Stifts", das nach den Vornamen des Kaiserpaares **Wilhelm** I. und seiner Gemahlin **Augusta** benannt worden ist, geht zurück bis ins Jahr 1879.

Zu der am 11. Juni 1879 bevorstehenden goldenen Hochzeit des *Kaisers Wilhelm I.* und der *Kaiserin Augusta* hatten die Stadtverordneten von Bonn am 25. April desselben Jahres beschlossen, "eine Anstalt zu gründen, in welcher unbemittelte alte Männer ohne Unterschied des Glaubens Wohnung und Unterhalt finden würden".[22]

10 Tage später, am 5. Mai 1879, erfolgte dieser nebenstehende *Aufruf* der städtischen Commission um Spenden der Bürger *zum Zweck der Errichtung des "Wilhelm-Augusta-Stifts"*.

"Als Baustelle ... wurde durch Beschluss der Stadtverordneten vom 15. Februar 1884 der Ankauf des ehemaligen Jesuitenhofs beschlossen und der Kaufpreis mit 32000 Mark ... gezahlt. Das angekaufte Areal des Jesuitenhofs mißt 2 Hectar 62 Ar in gesunder Lage am Rhein, und ist als Baustelle vorzüglich gut gewählt."[23] "Die Erbauung des Männer-Asyls wurde daselbst im Herbst des Jahres 1886 begonnen und im Frühjahr 1889 vollendet und die Anstalt am 1. Juli 1890 eröffnet."[24]

Auf dieser *alten Stadtkarte von Bonn* ist das städtische "Wilhelm-Augusta-Stift" zusammen mit der nahegelegenen Stadtgärtnerei und der Lederfabrik eingetragen. Das im Volksmund als "Männer-Asyl" bezeichnete städtische Altenheim für Männer wurde beschrieben:

"Das Gebäude ... hat Raum für achtzig Pfleglinge, welche paarweise eine Zelle bewohnen ... In der ersten Etage des südlichen Flügels befindet sich eine in die zweite Etage hinaufreichende *Kapelle*. Es ist ein quadratischer Raum mit flacher Decke, der sich *nach außen durch eine fünfeckige Chornische* ankündigt."[25]

Auf dieser *alten Ansichtskarte* vom Wilhelm-Augusta-Stift ist diese Chornische von außen deutlich zu erkennen.

Am 29. Juni 1928 erfolgte die Übergabe der Anstalt an die *Barmherzigen Brüder* von dem Mutterhaus in Trier. Barmherzige Brüder, die auch das frühere Bonner Brüder-Krankenhaus - das heutige Petrus-Krankenhaus - führten, tragen einen schwarzen Talar mit einem Ledergürtel und ein Skapulier (Überwurf) mit Kapuze.

Die Bonner Tageszeitungen berichteten von Zeit zu Zeit von diesem Männer-Stift; so: 1929 - fünfzig Jahre seit Beschluss; 1939 - sechzig Jahre seit Beschluss; 1940 - 50-jähriges Bestehen. Ein Erweiterungsbau an der Rheinseite wurde noch im Januar 1951 begonnen und Ende August desselben Jahres vollendet.

Bei der Weihnachtsfeier am 22. Dezember 1956 läuteten zum ersten Mal die dem Wilhelm-Augusta-Stift hauptsächlich von den Bürgern der Stadt Bonn gestifteten drei Glocken, mit denen künftig die Gottesdienste sowie Morgen-, Mittag- und Abendstunden einge-läutet wurden.

Glocke	I	II	III
Glockengießer	Wolfgang Hausen Mabilon, Fa. Mabilon & Co., Saarburg		
Gußjahr	1956	1956	1956
Metall	Bronze		
Durchmesser (mm)	582	491	435
Schlagringstärke (mm)	37	33	28
Proportion (Dm/Sr)	1 : 15,7	1 : 14,8	1 : 15,5
Gewicht ca. (kg)	120	70	45
Konstruktion	Mittelschwere Rippe		
Schlagton / Nominal	e''+4	g''+4	a''+4
Unteroktav-Vertreter	e'-5	g'-2	a'-3
Prim-Vertreter	e''+4	g''+4	a''+5
Terz	g''+6	b''+4	c'''+6
Quint-Vertreter	h''-8	d'''-6	e'''-4
Oktave	e'''+3	g'''+3	a'''+4

Eine dieser drei Glocken ist am Tag der Einwei-hung des Bonner Augustinum zur bleiben-den Erinnerung an dessen unmittelbare Vorge-schichte mit dem ehemaligen Wilhelm-Augusta-Stift dem Wohnstift Augustinum als Geschenk überreicht worden.

Das nebenstehende Verzeichnis "Glocken der Katholischen Kirchen Bonns" führt diese drei Glocken vom "Wilhelm-Augusta-Stift" mit dem Motiv "Te Deum" auf. Die dem Augustinum geschenkte Glocke ist die zweite von den "drei Bronze-Glocken"[26] aus dem ehemals "Dreistimmi-gen Geläute"[27] mit den Schlagtönen e", g" und a" - dem sogenannten "Te Deum-Motiv".[28]

Im Jahr 1968 waren von den ursprünglich 6 Barmherzigen Brüdern nur noch 4 im Wilhelm-Augusta-Stift tätig. Und obwohl sie zuletzt von 20 Helfern der Stadt Bonn unterstützt wurden, konnten sie die Betreu-ung der seinerzeit 118 alten Männer nicht mehr aufrechterhalten.

Aus Nachwuchsmangel traten die Barmherzigen Brüder am 31. Juli 1968 nach einer 40-jährigen Tätigkeit von der Ver-

waltung und Pflege des Wilhelm-Augusta-Stifts zurück. Die Tageszeitung berichtete in ihrer Ausgabe vom *29. August 1968 mit Bild* davon.

Obwohl im Januar 1969 der Caritasverband die Leitung des Stiftes übernommen hatte, wurden zu Anfang Dezember 1971 - also schon zwei Jahre später - die Bewohner des Männer-Altenheims in ein neues, von der Stadt Bonn errichtetes Altenheim umquartiert. Denn in dem gesamten Gelände des alten Wilhelm-Augusta-Stiftes hatten die Stadt Bonn und die Münchner Leitung des Collegium Augustinum einen geeigneten Platz für das neue Wohnstift Augustinum Bonn gesehen.

3. Das "Augustinum Bonn"

Bereits im Jahr 1966 hatte es im Rat der Stadt Bonn, die seit 1949 Hauptstadt der Bundesrepublik Deutschland war, erste Überlegungen gegeben, für den Stadtteil Bonn-Nord ein neues Wohngebiet "Am Römerlager" zu gestalten. Im November 1969 waren dann diese Planungen und Bauvorbereitungen abgeschlossen. Dabei ging es um einen *Wohnkomplex* mit 850 Wohnungen, ein *Altenstift* mit 600 Altenwohnungen und ein *Studentenheim* mit 200 Appartements. Als Gelände war dafür eine insgesamt 100.000 Quadratmeter große Fläche erforderlich, davon beanspruchte das *Altenwohnstift* allein 28.000 Quadratmeter Bauland. Vorgesehen dafür waren das im kommunalen Besitz befindliche Gelände des Wilhelm-Augusta-Stifts und die Gärtnerei sowie die noch für 3 Millionen DM zu erwerbende alte Lederfabrik. Der erste Spatenstich sollte 1970 erfolgen, und im Sommer 1973 sollten die Bauarbeiten beendet sein. In diesen Zeitrahmen vom 1970 bis 1974 fielen die Planung, Erbauung und Einweihung des neuen Wohnstifts Augustinum Bonn.

3a. Von der Planung bis zur Einweihung (1970 - 1974)

Das "Augustinum Bonn" nahm wie die meisten Augustinum-Wohnstifte den Weg vom *Grundstückserwerb* über die *Planung* und die *Grundsteinlegung*, das *Richtfest* und die *Fertigstellung* bis hin zur *Einweihung*.[29]

Über das *Grundstück* war die abschließende Verhandlung zwischen der Stadt Bonn und dem Collegium Augustinum am 1. April 1970 erfolgt.

Über die *Planungen* für das Augustinum Bonn hat der Generalanzeiger am 24. September 1970 berichtet, und zwar unter der Überschrift: "Ohne finanzielle Belastung der Stadt ... Komfortables Wohnstift in der Bonner Nord-Stadt wird mindestens 28 Millionen Mark kosten. Domizil für 500 alte Menschen - Mit Bibliothek, Schwimmbad, Gymnastikraum und eigener Ambulanz."

Im Einzelnen schrieb der Generalanzeiger: "Gestern stellte auf einer Pressekonferenz im Hotel Steigenberger der Vorsitzende und Initiator des Collegium Augustinum, Pfarrer Georg Rückert aus München, das neue und hochmoderne Wohnstift Augustinum Bonn der Öffentlichkeit vor." Von dem Modell des geplanten Augustinum bringt die Zeitung obenstehendes Foto. Der von Bauherr und Architekt beschlossene neue Baukomplex Wohnstift Augustinum Bonn mit seinen Wohneinheiten soll aus *zwei Hochhäusern* mit vierzehn und dreizehn Stockwerken bestehen, die jeweils parallel zur Rheinpromenade und zur Römerstrasse liegen. Ein zweistöckiger *Mittelbau* soll beide Gebäude miteinander verbinden. Dem Gebäudekomplex soll ein sogenanntes *Mitarbeiterhaus* mit einem Restaurant vorgelagert sein. Eine Ladenstraße soll vom Haupteingang in das Foyer führen.

Über den *Beginn der Bauarbeiten* für das Augustinum schrieb der Generalanzeiger am 12./13. Februar 1972 unter der Überschrift: "Fundamente für Augustinum gelegt."

30

Über das *Richtfest* des Augustinum berichtete am 1. Dezember 1972 die Bonner Rundschau unter der Überschrift: "Wohnstift mit Wiener Café. Heute Richtfest des Augustinum." "Bis zu 14 Etagen sind die Wohngebäude auf dem 2,4 Hektar großen Gelände nördlich des alten Römerlagers am Rhein inzwischen in die Höhe geklettert ... An dem heutigen Richtfest nehmen auch die Spitzen der Stadt Bonn teil."

Heute wird das neue Wohnstift Augustinum gerichtet. Bis zum Sommer 1973 wird das alte   „Wilhelm-Augusta-Stift", das heute als Bauarbeiterunterkunft dient, abgerissen sein. Foto: Hillie

Das dazugehörige Foto zeigt die beiden Hochhäuser im Rohbau zusammen mit dem noch stehenden alten "Wilhelm-Augusta-Stift", das bis zum Sommer 1973 als Bauarbeiterunterkunft diente und danach abgerissen wurde.

Auch der Generalanzeiger berichtete in seiner Ausgabe vom 2./3. Dezember 1972 vom Richtfest unter der Überschrift: "36.000 Bonner sind über 65 Jahre alt. Wohnstift Augustinum feierte Richtfest. 46 Millionen für schönes Wohnen im Alter. 100 Betreuer für 500 alte Menschen - Service rund um die Uhr."

Im darunter stehenden Text heißt es dann weiter: "... das Wohnstift Augustinum, die 'Perle' unter den bundeshauptstädtischen Altenheimen,

wie Georg Rückert, der Vorsitzende des Generalvereins Collegium Augustinum, den Neubau charakterisierte, zwischen dessen 40 Meter hohen Appartement-Türmen gestern die Richtkrone hochgezogen wurde ... Beim Richtschmaus mit den 300 Männern vom Bau erinnerte Oberbürgermeister Peter Kraemer daran, daß 36.000 Bonner über 65 Jahre alt sind ... Sitz des Generalvereins ist München. Ob das der Grund dafür war, daß *blau-weiße* [sic!] Papierfahnen am Richtkranz baumelten, der gestern über dem alten Römerlager hochgezogen wurde?"
- Meine Anmerkung dazu: Dieser Berichterstatter über das Richtfest mit den "blau-weißen" Fahnen war sicherlich kein Bayer oder Bayernkundiger, denn dort sind die Fahnen: "weiß-blau". -

Als *bezugsfertig* gelten konnten bereits ca. eineinhalb Jahre nach Baubeginn der erste Bauabschnitt, das Haus zum Rhein, im September 1973 und dann der zweite Bauabschnitt, das Haus zur Stadt, im Dezember desselben Jahres. Und der General-Anzeiger schrieb am 1./2. September

1973 unter der Überschrift: "Erste Bewohnerin bezieht 50-Millionen-Projekt. 'Alten-Service-Haus' ohne Hausordnung im Stift Augustinum mit Blick zum Rhein.' Ein Drittel der 388 Luxusappartements noch frei - Keine Krankenhaus-Atmosphäre."
Auch die Bonner Rundschau berichtete am 1. September 1973 unter der Überschrift: "In das modernste, aber bisher auch teuerste Altersheim Bonns zog gestern die erste Bewohnerin (die 79-jährige Adelheid Sippel in den 10. Stock mit Rheinblick). Pro Heimbewohner stehen fünf dienstbare Geister bereit. Ein Altersheim wie es im Buche steht." Im Laufe des September sollten noch weitere 26 Personen einziehen. Der eigentliche Einzugstermin war jedoch der 1. Oktober 1973.

32

Über den *Festakt der feierlichen Einweihung* des Augustinum-Wohnstifts in Bonn, der am Donnerstag, dem 6. Juni 1974, stattfand, haben die Bonner Tageszeitungen ausführlich und mit Fotos berichtet.
Die Bonner Rundschau schrieb am Tag danach, am Freitag dem 7. Juni, unter der Überschrift "Ein Haus wie das Augustinum hat schon lange in Bonn gefehlt. Wohnstift wurde in Gegenwart zahlreicher Personen aus dem öffentlichen Leben eröffnet."

Ein dazu gehöriges Foto zeigt die *Schlüsselübergabe* durch den Vorstandsvorsitzenden Georg Rückert an den ersten Stiftsdirektor Alytis Peckys. Im darunter stehenden Text heißt es dann: "Freiheit, Fürsorge, Versorgung und Geborgenheit will das Wohnstift Augustinum seinen Bewohnern bieten. Diese Maxime nannte gestern Pfarrer Georg Rückert, Vorstandsvorsitzender des Collegium Augustinum, Träger des Bonner Altenstifts, anläßlich der Einweihung des Luxus-Wohnheims an der Römerstraße. An der Feierstunde im Theatersaal des Hauses nahmen zahlreiche Vertreter des öffentlichen Lebens teil, unter ihnen Oberstadtdirektor Dr. Wolfgang Hesse und Oberbürgermeister Peter Kraemer."[30]
Pfarrer Georg Rückert nannte das Bonner Haus, das achte Wohnstift des gemeinnützigen Vereins in der Bundesrepublik, - was dessen kurze Baugeschichte betrifft - einen *Schnellbrüter*. Auf den Lebensstil einge-

hend, betonte Rückert, es sei ein christliches Haus, nicht in "penetranter Frömmigkeit", sondern in heiterer Toleranz allen gegenüber.

Dr. Egon Preißler, von der Landesentwicklungsgesellschaft Nordrhein-Westfalen, Bauträger des Stifts, nannte das Altenheim Kernpunkt eines städtebaulichen Gesamtkomplexes, um den sich Eigentumswohnungen, Studentenwohnheim und Kindergarten gruppieren. Man rechne damit, dass der gesamte Komplex Wohnpark Römerlager in dem einmal 2000 Menschen leben werden, Mitte 1976 fertig sein werde.

Als *Präsent* hat Dr. Preißler dem Wohnstift Augustinum eine *Glocke* überreicht, die vorher zum dreistimmigen Läutewerk des ehemaligen Wilhelm-Augusta-Stifts gehört hat.

Die Glocke des Wilhelm-Augusta-Stifts hat heute ihren Platz an der Ostwand des nach oben offenen Atriums gefunden.[31] Diese zweite von den 1956 gegossenen "drei Bronze-Glocken"[32] aus dem ehemals "Dreistimmigen Geläute"[33] mit den Schlagtönen e^2, g^2 und a^2 - dem sogenannten Te Deum-Motiv[34] - ist eine 70 kg schwere Glocke, die von einem damaligen Bewohner des Wilhelm-Augusta-Stifts, Matthias Schmitz aus Esch bei Köln, gestiftet worden war und dem Namenspatron dieses Stifters - "Hl. Matthias" - gewidmet ist. Deshalb stehen auf der Glocke in der unteren Zeile in Groß-buchstaben die Worte: "WIL-HELM-AUGUSTA-STIFT BONN 1956 - GESTIFTET VON MATT-HIAS SCHMITZ VON ESCH BEI KÖLN." In der mittleren Zeile sind es ebenfalls in Versalien die Worte: "HL. MATTHIAS WEHRE DEN FEIND".

Bonns Stadtprominenz bei der Einweihung des August:nums.   Foto: Steinige:

Auch der Express hat am 7. Juni 1974 von der Einweihungsfeier des
Augustinum mit dem Gründer Georg Rückert berichtet, und zwar unter
der Überschrift: "Musterwohnungen für 1000 Senioren. Stift
Augustinum offiziell eingeweiht."
Ein dazu gehöriges Foto trägt die Bildunterschrift: "Bonns Stadtprominenz bei der Einweihung des Augustinum" - ohne jedoch an dieser Stel-
le einzelne Namen zu nennen -. Es sind in der ersten Reihe des Stifts-
theaters von links: OB. Peter Kraemer [1969-1975], Vorstandsvorsitzender Georg Rückert mit seiner Gattin Gertrud und Oberstadtdirektor
Dr. Wolfgang Hesse [1964-1975].
Im darunter stehenden Text heißt es u. a.: "An der Einweihungsfeier
nahmen Oberbürgermeister Peter Kraemer, Oberstadtdirektor Dr. Wolfgang Hesse, CDU-Fraktionsvorsitzender Dr. Hans Daniels sowie Stadtverordnete und Vertreter freier Wohlfahrtsverbände teil ... Die Stadt
Bonn will 50 der Appartements in eigener Regie übernehmen.[35] Dort
sollen bedürftige Bonner Bürger ihren Lebensabend verbringen."

SO BEHAGLICH *sieht es im Inneren des neuen Altenwohnstifts Augustinum aus.*

R.S.A. 1-6

Bild: Steiniger

Augustinum jetzt offiziell eröffnet

Über 400 komfortable Appartements für ältere Bürger

Bonn (kb) — Das Altenwohnstift Augustinum in der Römerstraße wurde gestern offiziell seiner Bestimmung übergeben. Neben einem Gottesdienst am Vormittag trafen sich am Nachmittag bei der Feier Oberbürgermeister Peter Kraemer, Oberstadtdirektor Wolfgang Hesse, CDU-Fraktionsvorsitzender Hans Daniels sowie Stadtverordnete, Universitätsprofessoren und Mitglieder freier Verbände.

Das Wohnstift Augustinum gilt als Musterbeispiel für schönes Wohnen im Alter. 406 Appartements — bis zu drei Zimmer groß — gewähren wegen ihrer kompletten sanitären Einrichtungen ein selbständiges Leben, soweit der Bewohner es wünscht. Für den gesellschaftlichen Kontakt und für die Gesundheit stehen ein Hallenbad und eine Sauna, Musikzimmer und Hobbyräume, ein Festsaal und eine Bibliothek zur Verfügung. Als zusätzlicher Vorteil kann noch die schöne Lage am Rhein gezählt werden.

Die Stadt Bonn hat vor, bis zu 50 dieser komfortablen Appartements zu übernehmen und sie bedürftigen, „verdienten" Bonnern als Alterssitz zu überlassen. Damit soll verhindert werden, daß nur reiche Leute die Möglichkeit haben, in diesem Wohnstift, das in nichts an übliche Altersheime erinnert, den Lebensabend zu verbringen. Auch die SPD hat nach anfänglichem Widerstand diesem Plan zugestimmt.

Auch der Rhein-Sieg-Anzeiger hat von der Einweihungsfeier mit Text und Foto berichtet. Das Foto zeigt das *Foyer* mit dem Wandgemälde der klugen Jungfrauen von Walter Habdank im Hintergrund und bringt dazu den Text: "So behaglich sieht es im Innern des neuen Altenwohnstifts Augustinum aus."

Im Anschluss an die Überschrift: "Augustinum jetzt offiziell eröffnet. Über 400 komfortable Appartements für ältere Bürger" heißt es im Text: "Neben einem Gottesdienst am Vormittag trafen sich am Nachmittag bei der Feier Oberbürgermeister ... [usw.] Die Stadt Bonn hat vor, bis zu 50 dieser komfortablen Appartements zu übernehmen und sie bedürftigen 'verdienten' Bürgern als Alterssitz zu überlassen. Damit soll verhindert werden, dass nur reiche Leute die Möglichkeit haben, in diesem Wohnstift, das in nichts an ein übliches Altenheim erinnert, den Lebensabend zu verbringen. Auch die SPD hat nach anfänglichem Widerstand diesem Plan zugestimmt."

3b. Rückerts grundlegendes Konzept für das Augustinum (1974)

Noch kurz vor der feierlichen Einweihung des Wohnstifts in Bonn am 6. Juni 1974 hatte Pfarrer Georg Rückert am 14. Januar 1974 - also nur 5 Monate vorher - über das Thema: "NEUE WEGE DER WOHNUNGS-VERSORGUNG ALTER MENSCHEN - DARGESTELLT AM BEISPIEL DES COLLEGIUM AUGUSTINUM" referiert. In diesem Referat vor der Arbeitsgemeinschaft für Wohnungswesen, Städteplanung und Raumordnung an der Ruhr-Universität Bochum hat er ausführlich sein grundlegendes Konzept von einem Wohnstift für ältere Menschen, wie es sich seit fast 12 Jahren bewährt hatte, dargestellt und wie es jetzt wieder im neuerbauten Bonner Wohnstift konkret verwirklicht werden sollte. - Ich zitiere aus diesem Referat Einzelheiten, wie diese auch für das Bonner Haus zutreffen. -

Auf die selbstgestellte Frage: "Was wollen unsere Wohnstifte?" antwortete Rückert:[36] "Ein angemessener Wohn- und Lebensraum für den alten Menschen muss demnach drei Forderungen genügen: - jedem die persönliche Freiheit, die er wünscht, - jedem, die Hilfe und *Versorgung*, die er braucht, - jedem die Anregung zu geselliger und geistiger Aktivität."

Im einzelnen gehören zur *Versorgung* in einem Wohnstift:[37] "Eine *Ladenstraße* mit *Friseur* und *Bankstelle* erleichtert im Wohnstift den Einkauf ... Die Ladenstraße ist als 'Galeria', als Kette von Geschäften angelegt." "Jedes Wohnstift hat *Stiftsarzt* ... Der Gesunderhaltung der Bewohner dienen zudem ein eigenes *Hallenschwimmbad* mit *Sauna* und *Einrichtungen der physikalischen Therapie.*"[38] "Die *Stiftspfarrer* sind bei ihren Hausbesuchen ein wichtiger Gesprächspartner ... Für Hausandachten und Gottesdienste haben wir deshalb in den Wohnstiften *Hauskapellen* eingerichtet."[39]

Rückert fährt fort:[40] "Durch das gemeinsame Mahl [im *Speisesaal*] ist in der Regel der erste Schritt zur Begegnung getan. Wir haben es als unsere Aufgabe gesehen, zusätzliche Kontaktflächen zu schaffen. Ein öffentliches *Cafe* oder *Restaurant* im Haus, die *Kegelbahn*, die *Clubzimmer* und *Arbeitsräume*, die *Hausbibliothek* und die *Ladenstraße* sind weitere Orte der Begegnung - ebenso wie das *Hallenschwimmbad*, der *Gymnastikraum* oder die *Boccia-Anlage*. In den Wohnstiften treffen sich zahlreiche Gruppen für *Gymnastik* und leichte *Sportspiele*, für *Schach* und *Bridge*, für *Kunsthandwerk* und *Malen, Musik* und *Literatur*.

Für Großveranstaltungen und Hausfeste, für den wöchentlichen *Filmabend*, *Vorträge*, regelmäßige *Konzerte* und *Theateraufführungen*, ist ein eigener *Festsaal* eingerichtet. Auf dem Veranstaltungskalender des Wohnstiftes stehen im Laufe des Jahres weiterhin die wöchentliche *Presseschau, Einkaufsfahrten, Ausflüge* zu landschaftlich reizvollen Zielen, Exkursionen zu *Ausstellungen, Museen* und *Theateraufführungen*. Das Angebot ist

NEUE WEGE DER WOHNUNGSVERSORGUNG ALTER MENSCHEN
- DARGESTELLT AM BEISPIEL DES COLLEGIUMS AUGUSTINUM

von Georg Rückert

Referat von Pfarrer Georg Rückert, Collegium Augustinum, München, am 14. Januar 1974 vor der Arbeitsgemeinschaft für Wohnungswesen, Städteplanung und Raumordnung an der Ruhr-Universität Bochum

Es freut mich, daß Ihre Arbeitsgemeinschaft sich in diesem Wintersemester den Wohnungsproblemen sozialer Randgruppen zuwendet. Ich bin nach Bochum gekommen, um die Versorgung alter Menschen in den Wohnstiften des Collegium Augustinum darzustellen, denn in unserer Arbeit stehen die älteren Mitbürger seit Ende der 50-er Jahre nicht am Rande, sondern im Mittelpunkt. Wir planen, bauen und betreiben seit nunmehr 15 Jahren "Wohnstifte", das sind Apartmentwohnanlagen in der Größenordnung von etwa 500 bis 1.000 Wohnachseinheiten. Wir meinen in aller Unbescheidenheit, mit den Wohnstiften für unser Land eine neue Konzeption für Wohnen und Leben im Ruhestand schaffen zu haben.

Ich darf deshalb ebenso unbescheiden annehmen, daß für Sie Einzelheiten der Praxis des Lebens im Wohnstift als Grundlage meines Berichts interessanter sind als die Erörterung theoretischer Grundsätze und die Diskussion der nun häufiger erscheinenden Literatur zu gerontologischen, geriatrischen und sozialpolitischen Problemen. Wir stellen uns im Collegium Augustinum natürlich auch dieser Diskussion. Wo wir jedoch Theoriebildung treiben, geht es weniger um die Abstraktion dessen, was gewesen ist, als um die Frage "Was braucht der Mensch?", wie wahre ich die Würde des Menschen, auch wenn er hilfsbedürftig und von Versorgung abhängig wird?

breit gestreut, jeder kann das ihm Gemäße finden." "Innerhalb der Häuser bemühen wir uns, durch eine Vielzahl junger und jüngster Mitarbeiter, das Verhältnis der Generationen etwas auszugleichen."[41]

38

3c. Jubiläumsfeiern und Highlights (1979 - 2014)

In den vergangenen 40 Jahren haben die Bonner Tageszeitungen regelmäßig alle 5 bzw. 10 Jahre von den Jubiläumsfeiern des Bonner Augustinum und einigen kulturellen Highlights berichtet.
Da vor der Einweihung des Wohnstifts Augustinum Bonn im Juni 1974 bereits zwanzig Jahre zuvor, im Mai 1954, das Collegium Augustinum in München-Pasing seinen Anfang genommen hatte, berichtete die Bonner Presse oftmals auch über dieses Münchner Gründungsjubiläum.

Im Jahr 1979 brachte zum 25-jährigen Jubiläum des Collegium Augustinum der Generalanzeiger am 7./8. April die Überschrift: "Augustinum gibt älteren Menschen Selbständigkeit und Sicherheit. 25jähriges Jubiläum im Mai - Wanderstaffel von Mölln bis München."
Und er fährt fort: "Rund 10.000 Menschen - darunter über 400 Bonner - profitieren von einem Anstoß in der Sozialarbeit, den der evangelische Pfarrer Georg Rückert vor einem Vierteljahrhundert gab.

Mit einer Gruppe von evangelischen Freunden gründete er am 12. Mai 1954 das Collegium Augustinum. Mit dem Wohnstift Augustinum in der Römerstrasse hat es seit rund 5 Jahren auch einen Ableger in der Bundeshauptstadt. Mit einer Festwoche vom 6. bis zum 13. Mai sollen der 25 Jahre gemeinnütziger Sozialarbeit gedacht werden. Das Bonner Augustinum wird bei einer Wanderstaffel mitmachen, die vom nördlichsten Wohnstift in Mölln bis nach München führt. Von den Senioren aus Essen werden die Bundeshauptstädter das Staffelholz bei einem kleinen Festakt am 28. April in Empfang nehmen. Nach einer ganztägi-

gen Wanderfahrt über Maria Laach und das Nettetal werden sie es am Tag darauf an ihre Altersgefährten in Neuenahr weitergeben ... Auch heute [1979] noch leitet Rückert das Collegium Augustinum."
Am 2. Mai desselben Jahres berichtete der Generalanzeiger vom Vollzug der Bonner Wanderstaffel unter der Überschrift: "Bonner Stiftsbewohner trugen das Staffelholz nach Bad Neuenahr. Wandern per Bus - Zum Jahrestag des Collegium Augustinum." Am 9. Mai würde die letzte Gruppe der [bis damals 15] Wohnstifte in München am Ziel sein.

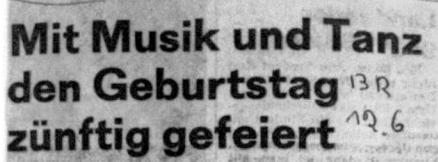

Mit Musik und Tanz den Geburtstag zünftig gefeiert

Wohnstift Augustinum besteht fünf Jahre

ERT Bonn. Soviel Selbständigkeit wie möglich, soviel Hilfe wie nötig. Unter diesem Motto werden die rund 400 Bewohner des Wohnstifts Augustinum an der Römerstraße seit nunmehr fünf Jahren betreut.

Festlich beging man am vergangenen Wochenende das fünfjährige Bestehen des Wohnstifts. Morgens begann es mit einer ökumenischen Andacht, es folgte ein Platzkonzert des Schülerblasorchesters des Aloisiuskollegs. Nachmittags sang Roswitha Scheer Tanz- und Liebeslieder aus aller Welt, ein festlicher Imbiß mit Tanz und geselligem Beisammensein und ein großes Feuerwerk über dem Rhein beschlossen schließlich den Festtag.

Der Träger des Wohnstifts, das Münchner Collegium Augustinum, betreibt insgesamt 15 solcher Häuser im gesamten Bundesgebiet. Die 1 bis 3 Zimmer großen Wohnungen werden von den Bewohnern nach eigenem Geschmack eingerichtet.

Da das Haus keine öffentlichen Zuschüsse erhält, sind die Mieten entsprechend hoch. Jedoch hat die Stadt Bonn hier 50 Appartements übernommen, die den sozial schwächer gestellten Mitbürgern zugute kommen. Über mangelnden Andrang kann sich die Hausverwaltung jedenfalls nicht beklagen. Das Haus ist seit seiner Gründung voll belegt. Auch für die Freizeitbeschäftigung der durchschnittlich 78jährigen Senioren ist gesorgt: In Zusammenarbeit mit verschiedenen Botschaften werden im eigenen Theatersaal zahlreiche kulturelle Veranstaltungen angeboten. Interessengemeinschaften der Bewohner ergänzen das Freizeitprogramm. Es gibt hier Sprach- und Malkurse und einen Singkreis. Wer will, kann sich auch mit tänzerischer Gymnastik fit halten.

Zum 5-jährigen Jubiläum des Bonner Wohnstifts brachte die Bonner Rundschau am 12. Juni 1979 die Überschrift: "Mit Musik und Tanz den Geburtstag zünftig gefeiert. Wohnstift Augustinum besteht fünf Jahre", und sie berichtete, dass die Stadt Bonn hier 50 Appartements übernommen habe, die den sozial schwächer gestellten Mitbürgern zugute kommen ... und das Haus seit seiner Gründung voll belegt sei.
Zum 10-jährigen Bestehen des Bonner Wohnstifts schrieb der Generalanzeiger am 5. Juni 1984 unter der Überschrift: "Wohnstift Augustinum feiert sein zehnjähriges Bestehen. Neben Appartements der Luxusklasse gibt's inzwischen eine Pflegeabteilung." Und er fährt u. a. fort: "das 'Augustinum' ... ist kein Altenheim wie jedes andere. Es ist ein 'Wohnstift' der Luxusklasse, in dem allerdings auch 40 Sozialhilfeempfänger auf Vermittlung der Stadt leben ... Anfänglich gehörte keine Pflegestation zum Wohnstift ... Inzwischen gibt es eine eigene Abteilung mit 26 bis 28 Betten für diesen Notfall, wenn die Pflege im eigenen Appartement nicht mehr ausreicht."

GRATULIERTEN zum zehnjährigen Bestehen: Stiftsdirektor Manfred Redeker, Oberbürgermeister Dr. Hans Daniels, Pfarrer Georg Rückert und der frühere Oberstadtdirektor Dr. Wolfgang Hesse. (v.l.)   Foto: Engels

„Ein Leben in barmherziger und seelsorgerischer Gemeinschaft

Augustinum feierte gestern sein zehnjähriges Bestehen

Von diesem 10-jährigen Jubiläum brachte der Generalanzeiger am 7. Juni 1984 ein Foto mit der Bildunterschrift: "Gratulanten zum zehnjährigen Bestehen: Stiftsdirektor Manfred Redecker, Oberbürgermeister Dr. Hans Daniels, Pfarrer Georg Rückert und der frühere Oberstadtdirektor Dr. Wolfgang Hesse."

Die Überschrift zum berichtenden Text lautete: "Ein Leben in barmherziger und seelsorgerischer Gemeinschaft. Augustinum feierte gestern sein zehnjähriges Bestehen." Zu dieser Überschrift hatte die Rede des Pfarrers Georg Rückert inspiriert, der in seiner Ansprache als das Ziel des diakonischen Trägers angegeben hatte, "für die Bewohner nicht nur

41

ein allgemeines Wohlgefallen zu schaffen, sondern auch ein Leben in barmherziger und seelsorgerischer Gemeinschaft".

Ebenfalls hat das Evangelische Sonntagsblatt für Bonn und Umgebung "Der Weg" mit Foto von diesem zehnjährigen Jubiläum berichtet. Auch zu dessen Überschrift: "'Unser Leben soll ein Fest sein.' Altenwohnheim Augustinum feiert zehnjähriges Bestehen." hatte Georg Rückert die Anregung geliefert, wie der Artikelschreiber berichtet, dass Senator e. h. Pfarrer Georg Rückert in seiner immer wieder vom Beifall unterbrochenen Ansprache einen Gedanken des Kolosserbriefes ins Zentrum gestellt habe: "Unser Leben als Christen soll ein Fest sein."

Auch im Jahr 1989 - dem Jahr der 2000-Jahrfeier der Stadt Bonn - haben die Bonner Tageszeitungen über die Feier zum 15-jährigen Jubiläum des Bonner Augustinum mit Pfarrer Markus Rückert berichtet.

15 Jahre: Ein Paradies mit kleinen Fehlern

Augustinum zieht eine „Fülle städtischen Lebens" an — Eigenes Türschild und Briefkasten

„Ein Paradies mit kleinen Fehlern", wie es eine Berliner Bewohnerin nannte, wurde gestern 15 Jahre alt: Das Wohnstift Augustinum.

„Eine Attraktion in der Bonner Nordstadt", lobte Oberbürgermeister Hans Daniels das Wohnstift am Rhein. Es ziehe eine Fülle städtischen Lebens in seine Mauern. 15 Jahre Augustinum bedeuteten auch 15jährige Zusammenarbeit mit der Stadt.

„Unter den Seniorenheimen ein besonderes Angebot", charakterisierte Superintendent Rolf Schließmann das Wohnstift an der Römerstraße, „entstanden aus dem Geist unserer Kirche". Im Namen der katholischen Kirche brachte Stadtdechant Wilhelm Passavanti Glückwünsche. „Eigenes Türschild, Briefkasten und Telefon", damit kennzeichnete Dr. Wolfgang Hesse, Oberstadtdirektor a.D., die Unabhängigkeit der Bewohner in dem Stift, das in seiner Amtszeit zügig entstand.

Auf den sich bundesweit ankündigenden Pflegenotstand wies Pfarrer Markus Rückert, Vorstandsvorsitzender des Collegium Augustinum, hin. In Deutschland seien nicht genügend Menschen zu finden, die die Pflege der kranken und alten Menschen gerne übernähmen. Menschen aus Drittländern sollten in die Bresche springen. Er forderte die Politiker auf, ihre „Distanz zu Menschen aus anderen Ländern" aufzugeben. (EM)

Sie lobten und gratulierten: Superintendent Rolf Schließmann, Stadtdechant Wilhelm Passavanti, Pfarrer Markus Rückert, Oberstadtdirektor a.D. Wolfgang Hesse und Oberbürgermeister Hans Daniels (v.l.). Foto: Heinz Engels

Der Generalanzeiger brachte am 7. Juni 1989 als Überschrift "15 Jahre: Ein Paradies mit kleinen Fehlern. Augustinum zieht eine 'Fülle städtischen Lebens' an". Im ersten Teil dieser Überschrift wird eine Berliner Bewohnerin zitiert, und der zweite Teil ist ein Zitat des Oberbürgermeisters, der das Wohnstift am Rhein gelobt hatte als: "Eine Attraktion in der Bonner Nordstadt", die eine Fülle städtischen Lebens in seine

Mauern ziehe. In diesem Artikel wird ferner die Charakterisierung des Wohnstifts an der Römerstraße durch Superintendent Rolf Schließmann erwähnt: "Unter den Seniorenheimen ein besonderes Angebot, entstanden aus dem Geist unserer Kirche." Auch Pfarrer Markus Rückert, der inzwischen die Nachfolge seines im Jahr zuvor verstorbenen Vaters Georg Rückert angetreten hatte, wird zitiert, der auf den sich bundesweit ankündigenden Pflegenotstand hingewiesen hat. Auf dem dazugehörigen Foto sind zu sehen v. l. neben dem Superintendenten, der Stadtdechant, Pfarrer Markus Rückert, der Oberstadtdirektor a. D. und der Oberbürgermeister.

Insbesondere der *Theatersaal* des Bonner Augustinum hat in der Vergangenheit außer bei den jeweiligen Jubiläumsfeiern zahlreiche kulturelle Highlights erlebt.

Hier fand am 7. November 1989 die *Uraufführung der Oper* "Rapunzel" von der seinerzeit in Königswinter lebenden amerikanischen Komponistin Kate Waring statt. Dies war in Zusammenarbeit mit der amerikanischen Botschaft in Bonn quasi ein "Gastgeschenk" zum 2000-jährigen Stadtjubiläum. In dieser Märchenoper - nach dem Libretto von Rüdiger Gollnick und inszeniert durch die Bonner Operndramaturgin Petra Morsbach - sang die japanische Sopranistin Akemi Kajiyana die Titelrolle. Der Generalanzeiger hat am 10. November 1989 unter der Überschrift: "Ein 'haariges' Drama. Uraufführung von Kate Warings 'Rapunzel'-Oper im Wohnstift Augustinum." ausführlich berichtet.

Als ein weiteres Highlight erfolgte hier im Augustinum am 24. März 1990 die *Uraufführung von vertonten Gedichten Sarah Kirschs* durch den Bonner Komponisten

Walter J. Divossen. Dieser Liederzyklus "Rückenwind" (op. 89, Nr. 8078) war gewidmet der Sopranistin Brigitte Hahn, die ihn auch, am Flügel begleitet von Gabor Antalffy, im Augustinum zur Uraufführung brachte. "Rückenwind" ist der Titel eines der acht durch Divossen vertonten Lieder von Sarah Kirsch. Die Bonner Rundschau hatte am 26. März 1990 für ihren Bericht "Die fuchsroten Felder" ebenfalls den Titel eines der Lieder als Hauptüberschrift gewählt.

Großartige Lyrik-Vertonungen

Johannes Bammer-Gedenkkonzert im Augustinum

Gleichsam als einen dritten Höhepunkt im Stiftstheater würde ich das Gedenkkonzert für den Komponisten Dr. Johannes Bammer am 5. Oktober 1990 ansehen, der seine letzten Lebensjahre im Bonner Wohnstift verbracht hat, bevor er kurz vor seinem hundertsten Geburtstag dort verstarb. Der Generalanzeiger berichtete davon am 5. Oktober 1990 unter der Überschrift: "Großartige Lyrik-Vertonungen. Johannes Bammer-Gedenkkonzert im Augustinum." Im Mittelpunkt stand ein Auswahl aus Bammers umfangreichem Werk "Russisches Liederbuch" mit Lyrik von Puschkin und Lermontow. Um die Lieder gruppierten sich noch die von Bammer komponierten "Elegien" für Cello sowie "Lieder ohne Worte" für Violine.

Am 7. Juni 1994 brachte der Generalanzeiger die Überschrift: "Ein Logenplatz am Rhein. Wohnstift Augustinum feiert 20jähriges Bestehen." Dann berichtet er: "Eigenständigkeit und Geborgenheit: die Beschreibung dieses Lebensgefühls für ältere Menschen zog sich gestern wie ein roter Faden durch die Festreden zum 20-jährigen Bestehen des Wohnstifts Augustinum an der Römerstraße - ausgedrückt sowohl von Gästen als auch von Bewohnern und Mitarbeitern. "Allen ist das Haus zur Heimat geworden", sprach

Stiftsdirektor Klaus Kieninger den meisten rund 400 Bewohnern aus dem Herzen. Oberbürgermeister Hans Daniels erinnerte an das Entstehen des Wohnstifts nach einem städtebaulichen Ideenwettbewerb. Das Augustinum habe einen "Logenplatz der Stadt" mit seinem Blick auf Rhein und Siebengebirge, nahe dem Zentrum, und trotzdem in ruhiger Lage.

Zum 25-jährigen Bestehen des Augustinum im Jahr 1999 brachte die Zeitschrift "Der Weg" in ihrer Juni/Juli Ausgabe ein Foto mit der Bildunterschrift: "Auf das Nashorn gekommen". Es zeigt neben dem Stiftsdirektor Klaus Kieninger, die Hausdame Dagmar

Baltes und drei von den zehn Stiftsbewohnern, die seit 25 Jahren im Bonner Augustinum leben - also seit dessen Einweihung 1974. Es sind die Bewohner: Margarete Zours (86 Jahre alt), Emmi Osterkamp (99 Jahre alt) und Kurt Andersen (100 Jahre alt).

Das dreißigjährige Jubiläum des Bonner Augustinum im Jahr 2004 ist als "Fest der Generationen" gefeiert worden, zumal das kulturelle Leitthema des Jahres: "Generationen" war.

Die Bonner Rundschau hat am 18. Juni 2004 von diesem Fest der Generationen ein Foto gebracht: "Drei Generationen auf einem Bild". Dargestellt waren drei Generationen der Familie Wellmann vor der Nashorn-Plastik am Eingang des Wohnstifts.

Zum Festprogramm des Augustinum gehörte u. a. der Besuch eines festlichen Konzerts im Kölner Dom, bei dem der Domorganist Prof. Dr. Winfried Bönig spielte. Ferner gab es im hauseigenen Stiftstheater "Beethoven im Doppelpack": einen Vortrag von Yvonne Andres-Péruche über die Jugendjahre Beethovens in seiner rheinischen Heimatstadt Bonn sowie eine tänzerische Interpretation der Mondscheinsonate durch die Ballettklasse von Iskra Zankova.

Auch "Unser Blättchen", Informationen, Nachrichten und Berichte für Bonn-Castell, den Stadtteil rund um das ehemalige Römerlager, berichtete in seiner Ausgabe Nr. 9, September/Oktober 2004, vom "Fest der Generationen: 30 Jahre Augustinum Bonn" am Samstag, dem 2. Juni 2004. "Generationen" hätte das Jahreskulturthema 2004 des Augustinum geheißen, und schon seit Jahresbeginn hätte sich deshalb im Augustinum Bonn in zahlreichen Veranstaltungen alles um die Auseinandersetzung mit Eltern, Kindern oder Enkeln in Literatur, bildender Kunst oder Musik gedreht. Dabei hätte das Fest der Generationen einen Höhepunkt des Jahres gebildet.

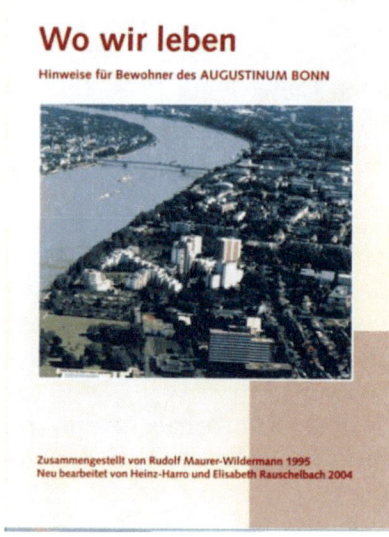

Wo wir leben

Hinweise für Bewohner des AUGUSTINUM BONN

Zusammengestellt von Rudolf Maurer-Wildermann 1995
Neu bearbeitet von Heinz-Harro und Elisabeth Rauschelbach 2004

Aus Anlaß dieses 30-jährigen Jubiläums wurde die Broschüre "Wo wir leben. Hinweise für Bewohner des AUGUSTINUM BONN", zu der Stiftsdirektor Stefan Zens ein Vorwort geschrieben hat, allen Bewohnern überreicht. Als Broschüre zu "Wissenswertes über die Umgebung" des Wohnstifts war sie zuerst von dem früheren Bewohner, dem 85-jährigen Studiendirektor a. D. Rudolf Maurer-Wildermann (1910-1999), im Juni 1995 veröffentlicht worden. Dann haben die beiden Bewohner, der Neurologe Dr. Heinz-Harro Rauschelbach und seine Frau Elisabeth, diese Schrift 2004 neu bearbeitet.

46

Besondere Ereignisse im Augustinum sind immer auch die *Stiftsdirektorenwechsel*. Das Augustinum Bonn zählt bisher 6 Stiftsdirektoren.

	Stiftsdirektoren	*Amtszeit*	*Einweihungs- bzw. Jubiläumsfeiern im Wohnstift Augustinum Bonn*
1.	Peckys, Alytis	ab 1974	Erste Schlüsselübergabe am 6. Juni 1974
			5-jähriges Bestehen 1979
2.	Redecker, Manfred	1984 - 1993	10-jähriges Bestehen 1984
			15-jähriges Bestehen 1989
3.	Kieninger, Klaus	1993 - 2003	20-jähriges Bestehen 1994
			25-jähriges Bestehen 1999
4.	Zens, Stefan	2003 - 2008	30-jähriges Bestehen 2004
	Kieninger, Klaus	2009	
5.	Issels, Stephan G.	2009 - 2010	35-jähriges Bestehen 2009
6.	Mönning, Stephan	seit 2011	40-jähriges Bestehen 2014

In der jüngsten Vergangenheit gab es im Bonner Augustinum den Stiftsdirektorenwechsel zu Stephan Mönning, dem 6. Stiftsdirektor, nachdem Alytis Peckys als 1. Stiftsdirektor von Georg Rückert am Tag der Einweihung des Augustinum Bonn - am 6. Juni 1974 - den Hausschlüssel überreicht bekommen hatte. Seitdem fällt in die Amtszeit der Bonner Stiftsdirektoren insbesondere die Feier des alle 5 Jahre zu Anfang des Monats Juni stattfindenden Jubiläums der Eröffnung des Augustinum Bonn. In die Amtszeit des Stiftsdirektors Stephan Mönning fiel heuer 2014 das 40-jährige Bestehens des Bonner Augustinum.

Als besonderes kulturelles Highlight der jüngsten Vergangenheit könnte man die letzten drei *Deutschen Musikwettbewerbe 2010, 2012 und 2014 in Bonn* sehen, deren *Veranstaltungsorte* für die Wertungsspiele neben der Beethovenhalle auch das *Stiftstheater des Augustinum* waren. Bei dem 40. Deutschen Musikwettbewerb 2014 gab es im Augustinum vom 24. März bis 3. April den I. und II. Durchgang: Tenor- und Bassposaune, Horn und Harfe sowie den II. Durchgang: Ensembles. Ferner fand hier im Augustinum das Finale der Ensembles statt. Die von der Kulturreferentin Eva Rommerskirchen vermittelten

Beziehungen zwischen dem Bonner Augustinum und dem Deutschen Musikrat hinsichtlich der Wertungsspiele im Stiftstheater sind bei dem Abschlusskonzert mit den Preisträgern am 5. April 2014 im Großen Saal der Bonner Beethovenhalle vom Präsidenten des Deutschen Musikrates, Prof. Martin Maria Krüger, ausdrücklich und namentlich gewürdigt worden.

3d. Dreifaches Jubiläumsjahr für das Augustinum (2014)

Zunächst gilt der 12. Mai 1954 als *Gründungstag des Augustinum*. Das *Bonner Augustinum* gedachte dieses Gründungstages heuer bereits am 11. Mai, einem Sonntag, mit einem "festlichen Spargel-buffet" im Restaurant, wie der nebenstehend abgebilde-te Ausschnitt aus der "Wo-che 05.05. - 11.05." auf Seite 10 zeigt.

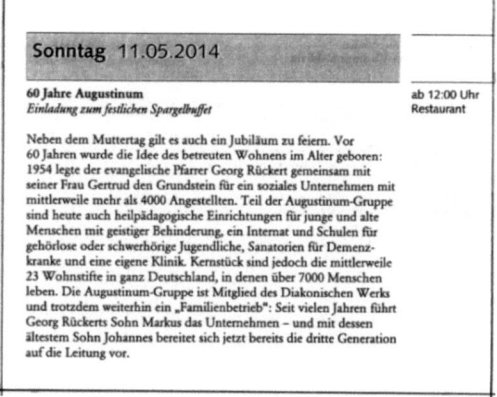

Auch die folgende Ausgabe der "Woche 12.05. - 18.05." erinnerte auf Seite 2 unter der Überschrift: "Seit 60 Jahren im Dienst am Men-schen. Das Augustinum feiert runden Geburtstag" daran, dass vor 60 Jahren, am 12. Mai 1954, Pfarrer Georg Rückert mit der Gründung eines Evangelischen Studien-heims in München-Pasing den Grundstein gelegt habe für einen inzwi-schen jahrzehntelangen Dienst am Menschen, dem sich das Augustinum als gemeinnütziges Unternehmen verpflichtet fühle.

Im *Augustinum München* wurde die Jubiläumsfeier "60 Jahre Augustinum" heuer am 9. Mai besonders festlich begangen, wie die Zeitschrift "forum" in der Ausgabe vom "sommer 2014" auf den Seiten 74 bis 77 berichtet und mit 13 Fotos illustriert. Mit fast 400 Freunden und Mitarbeitern im Festsaal des Münchner Westin Grand Hotels wurde das 60-jährige Bestehen des Augustinum gefeiert.

*Ferner ist d*er 6. Juni 1974 der *Einwei-hungstag des Augustinum Bonn.* Zur Vorbereitung der 40-jährigen Jubiläumsfeier hat der Autor am 28. Mai einen bebilderten Vortrag gehalten, der - wie auf der nebenstehenden Abbildung zu sehen - auf der Titelseite der "Woche 26.05. - 01.06." unter der Überschrift: "Ouvertüre zur Jubiläumsfeier." angekündigt wurde.

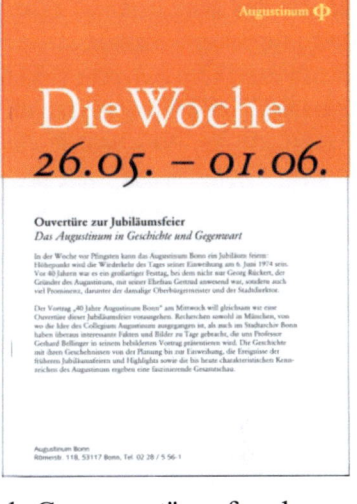

Ebenso machten der Kulturflyer vom Mai 2014 und ein ausgehängtes Plakat auf diesen Vortrag unter dem Titel: "40 Jahre Augustinum Bonn. Recherchen über Ge-

schichte und Gegenwart" aufmerksam, sodass der Theatersaal fast bis zum letzten Platz besetzt war.

Leider hatte sogenannte gesundheitliche "höhere Gewalt" den Vortragenden seinerzeit am 28. Mai im Theater daran gehindert, seinen Vortrag wie vorgesehen in voller Länge von 90 Minuten, sondern - zum Bedauern aller Anwesenden - nur 70 Minuten lang halten zu können. In der nun vorliegenden Broschüre sind nicht nur der gesamte Vortragstext sondern auch ein Erweiterungstext vorgelegt.

Der Generalanzeiger brachte zum vierzigjährigen Jubiläum des Bonner Augustinum am 6. Juni 2014 vorab schon am 4. Juni die Überschrift: "Ein Zuhause mit Rheinblick. Seit 40 Jahren gibt es das Seniorenstift Augustinum. Heute offene Tür an der Römerstraße". Darunter ist das Foto mit einer 92-jährigen Bewohnerin platziert mit dem Text: "Seit 26 Jahren lebt Hella Weidenhammer in der Seniorenresidenz an der Römerstraße und genießt vom Balkon ihres Appartements aus auch den

Blick auf den Rhein." Auf die Frage der Reporterin, was sich in den vergangenen Jahrzehnten geändert habe, gibt sie kurz entschlossen die Antwort: "Die Männer sind moderner geworden und das Essen besser."
Das offizielle Festprogramm zum 40-jährigen Jubiläum des Augustinum Bonn am 6. Juni wurde im Stiftstheater eröffnet mit einem *ökumenischen Gottesdienst*, den der evangelische Stiftsseelsorger Johannes Küsel und die katholische Gemeindereferentin Martina Kampers geleitet haben. Musikalisch begleitet wurde er durch Klavier und Querflöte.
Den anschließenden Festakt eröffnete mit einer Begrüßung und Ansprache - wie der nebenstehend abgebildete Programmzettel zeigt - der Bonner Stiftsdirektor Stephan Mönning. U. a. erklang die Sonate IV in C-Dur BWV 1033 von Johann Sebastian Bach. Die Festrede hielt Prof. Dr. Markus Rückert, der Vorsitzende der Augustinum Geschäftsführung.

Festakt
zum 40jährigen Jubiläum des Augustinum Bonn

Begrüßung und Ansprache
Stephan Mönning, Direktor Augustinum Bonn

Grußwort
Angelica Maria Kappel, Bürgermeisterin

Sonate IV in C-Dur BWV 1033
Johann Sebastian Bach

Ansprache
Dr. Johannes-Heinrich Herpers, Vorsitzender des Stiftsbeirats

Festrede
Prof. Dr. Markus Rückert, Vorsitzender der Augustinum Geschäftsführung

Außerdem ist der 16. August 1914 der *Geburtstag* des Augustinum-Gründers *Georg Rückert.* Sein 100. Geburtstag fand in der für das Bonner Augustinum bestimmten Ausgabe "Die Woche 11.08. - 17.08." auf der Titelseite besondere Erwähnung.
Da Rückert vor 60 Jahren mit der Gründung eines Vereins zur Errichtung eines Schülerheims den Grundstein für das Augustinum gelegt habe, begehen wir mit allen Augustinum Wohnstiften "den 16. August als 100. Geburtstag von Georg Rückert mit einem besonderen Mittagsmenu im Restaurant". Ausführlich wird dies begründet mit den Worten:

"Schließlich spielten in der Unternehmenskultur des Augustinum neben Frömmigkeit und Fleiß von Anfang an auch Lebensfreude und sinnlicher Genuss eine große Rolle - dem lebenslustigen Pfarrer Rückert hätte es gefallen, dass man bei einem guten Essen an ihn denkt und mit einem guten Tropfen auf ihn anstößt. Freuen Sie sich deshalb am Samstag auf ein festliches Menü mit einem zusätzlichen Gang und einem Glas Wein!"

3e. Fünf symbolhafte Charakteristika des Augustinum

Da Georg Rückert einen ausgeprägten Sinn für die Symbolik von Daten, Bildern und Wörtern hatte, weisen seine Augustinum-Wohnstifte vor allem fünf symbolhafte Charakteristika auf.

Das 1. Charakteristikum ist der Name "AUGUSTINUM"

Er weist hin auf den bedeutenden ökumenischen Kirchenvater Augustinus, der in besonderem Maße die Gabe besaß, Gemeinschaft zu stiften.

Auf diesem *Holzschnitt von 1489* ist Aurelius Augustinus abgebildet.

Da Rückerts gesamtes soziales Werk auf das Jahr 1954 zurückgeht, das Jahr, in dem des 1600. Geburtstags des Augustinus (*13.11.354) gedacht wurde, versah er alle von ihm gegründeten Einrichtungen mit dem Namen "Collegium Augustinum". Das Gründungsdatum des 12. Mai 1954 für den "Ev. Schülerheimverein in München-Pasing e. V.", der bereits am 1. Oktober desselben Jahres in "Collegium Augustinum" umbenannt wurde, ist schon zu Lebzeiten Rückerts jeweils festlich begangen worden, so am 10. Jahrestag

1964 und am 20. Jahrestag 1974. Im Festakt zum 30. Jahrestag 1984 hielt der Bayerische Ministerpräsident Franz Josef Strauß eine Laudatio auf „den Freund Georg Rückert". Gewusst habe er es schon früh, „dass aus dem Rückert Georg noch amal was wird … Der hat dies.[elbe] Intelligenz wie ich und wirtschaftlich mindestens dies.[elbe] glückliche Hand." Das sei ihm schon klar gewesen, als sie beide „am gleichen Tag in Landsberg am Lech zur Schweren Artillerie einrücken mussten … Sollte das Modell der jüngst in den Wohnstiften eingeführten ‚Pflegekostenregelung' allgemein nutzbar sein, wüchsen Rückerts Verdienste ins Ungeheuere." (Süddeutsche Zeitung vom 14. Mai 1984, S. 15). Strauß bezog sich hier auf die für Wohnstiftbewohner seit Januar 1981 eingeführte freiwillige Pflegekostenergänzungsregelung (PER), die als Solidarfonds Pflegekosten oberhalb eines monatlichen Selbstbehalts absichert.

Das 2. Charakteristikum ist das "NASHORN" als plastische Figur

Schon 1955 hatten einige fußballbegeisterte Jungen des Agustinum-Schülerheims die Schülermannschaft "SC VITUS 55" gegründet und als Vereinszeichen das von Rückert vorgeschlagene Nashorn als Symbol gewählt, weil es nach Rückerts Vorstellung stark, schnell, friedliebend, und nur bei Gefahr angriffsbereit sei.

Die ursprüngliche Form dieses Nashorns war als Holzschnitt von Walter Habdank im selben Jahr 1955 entworfen worden.[42]
Vor dem Eingang eines jeden der bundesweit 23 Augustinum-Wohnstifte steht ein in Bronze gegossenes unterlebensgroßes Nashorn als deren Wappentier. Seine Form hat der Bildhauer Josef Gollwitzer (1917 - 2006) entworfen.

Auch vor dem Bonner Augustinum steht ein solches Nashorn rechts vom Haupteingang.

Ergänzend dazu ist zu sagen, dass Gabriele Zabel-Zottmann im Jahr 2012 eine Doktorarbeit in der Bonner philosophischen Fakultät verfasst hat unter dem Thema: "Skulpturen und Objekte im öffentlichen Raum der Bundeshauptstadt Bonn. Aufgestellt von 1970 bis 1991". In dieser Dissertation ist auch das Bonner Nashorn aufgeführt mit Bild[43] und Text.[44]

Das 3. Charakteristikum ist der griechische Buchstabe "Φ [PHI]"

Dies ist der erste Buchstabe des in Versalien geschriebenen Wortes: ΦΙΛΑΓΕΛΦΙΑ. Das griechische Wort "φιλαδελφια" - in Umschrift "philadelphía" - wird gewöhnlich mit „Bruder-, Schwester-, Geschwisterliebe" ins Deutsche übersetzt. Es meint im Grunde genommen die Liebe (griech. "philía") zu dem, der aus demselben Mutterschoß (griech. "delphýs") geboren wurde. Die urchristlichen Gemeinden haben dieses

griechische Wort gebraucht, um damit den geschwisterlichen Umgang der Gemeindemitglieder untereinander zum Ausdruck zu bringen. So schreibt Paulus u. a. an die römische Gemeinde (Röm 12,10): "In der *Geschwisterliebe* seid herzlich *zueinander* ... dem Herrn dienend."

In Pfarrer Rückerts Leben und Werk hatte dieses in den neutestamentlichen Briefen des Paulus und auch des Petrus mehrmals verwendete griechische Wort eine zentrale Bedeutung. Der erste Buchstabe dieses griechischen Wortes mit dem Schriftzeichen **Φ [PHI]** als Majuskel wurde seit Anfang der 70er Jahre zum Symbol für das Collegium Augustinum, und es wird seitdem als Signet bzw. Logo auf jeder Drucksache verwendet, außerdem auf Ge-

brauchsgegenständen des täglichen Lebens im Restaurant, auf Speise-
karten, Servietten, ja sogar auf den Essbestecken im Augustinum.
Im Atrium des Bonner Augustinum ist an der östlich gegenüber liegenden Simeonskapelle, deren Eingang zwei Flügeltüren aus Kupfer bilden,
der *Türknauf* dem griechischen Großbuchstaben Φ [PHI] nachgebildet.
Dieses Φ [PHI] erinnert jeden in die Simeonskapelle Eintretenden an
das *geschwisterliche Miteinander*.

Das 4. Charakteristikum ist der lateinische Titel des Magazins "forum"

Als Hauszeitschrift für die Einrichtungen des Collegium Augustinum
erschien das „forum" - ein von Georg Rückert bewusst gewählter neut-
raler Titel - erstmals am 12. Mai 1978.[45] Dieser Titel nimmt Bezug auf
das römische "forum" (lat. "Markt, Marktplatz") als Mittelpunkt des
öffentlichen und geschäftlichen
Lebens eines Ortes, wo ein
Austausch unter den Einwoh-
nern stattfand. Dies bedeutet -
bezogen auf das Augustinum
im übertragenen Sinn -, dass
Informationen unter den Bewohnern der verschiedenen
Wohnstifte ausgetauscht werden können.
Das "forum" ist das vierteljähr-
lich erscheinende Magazin für
die Bewohner und Vorvertrags-
partner des Augustinum im
Umfang von ca. 90 Seiten. Das
Magazin bietet jeweils ein frei
gewähltes Schwerpunkt-Thema,
dann einen "PANORAMA"-

Teil sowie einen umfangreicheren "KULTUR/AKTIVITÄTEN"-Teil, u.
a. mit Berichten und Hinweisen aus den Wohnstiften. Die gegenwärtige
Ausgabe dieses Magazins vom "sommer 2014" bietet auf 73 Seiten das
Schwerpunkt-Thema: "60 Jahre Augustinum".

Das 5. Charakteristikum ist die Schrifttafel "Miteinander"

Das Atrium, ein nach oben offener Innenhof, bildet im Foyer des Augustinum das Zentrum. Auf der dem Atrium gegenüberliegenden südlichen Seite ist eine *Schrifttafel* "Miteinander ..."[46] angebracht, auf der ein graphisch gestalteter Text aus dem 8. Kapitel des 4. Buches der "Bekenntnisse" von Augustinus steht.

Augustinus berichtet zu Anfang seines 4. Buches, wie er neunzehnjährig und inzwischen als Lehrer der Rhetorik in Thagaste über den plötzlichen Tod eines seinerzeit gleichaltrigen Freundes einen großen Schmerz empfand. Da ihn alles in Thagaste, der Stadt seiner Kindheit und Jugendzeit, an diesen Freund, der ihm überaus teuer war wegen der gemeinsamen Interessen und gleichen Neigungen seit seiner Jugendzeit, erinnerte, hat Augustinus seine Vaterstadt verlassen und ist nach Karthago übergesiedelt. Hier in Karthago hat er allmählich seine Ruhe wiedergefunden, da er neue soziale Kontakte knüpfen konnte und tröstlichen Umgang mit anderen Freunden fand, wovon seine "Confessiones" dann im 8. Kapitel seines 4. Buches eindrucksvoll berichten.

Aus diesem 8. Kapitel stammt der aus dem Lateinischen ins Deutsche übersetzte Text der Schrifttafel im Foyer des Augustinum.

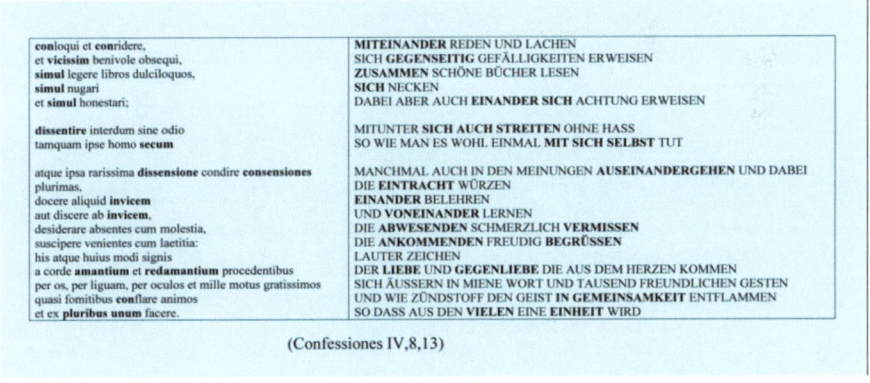

conloqui et conridere,
et vicissim benivole obsequi,
simul legere libros dulciloquos,
simul nugari
et simul honestari;

MITEINANDER REDEN UND LACHEN
SICH GEGENSEITIG GEFÄLLIGKEITEN ERWEISEN
ZUSAMMEN SCHÖNE BÜCHER LESEN
SICH NECKEN
DABEI ABER AUCH EINANDER SICH ACHTUNG ERWEISEN

dissentire interdum sine odio
tamquam ipse homo secum

MITUNTER SICH AUCH STREITEN OHNE HASS
SO WIE MAN ES WOHL EINMAL MIT SICH SELBST TUT

atque ipsa rarissima dissensione condire consensiones plurimas,
docere aliquid invicem,
aut discere ab invicem,
desiderare absentes cum molestia,
suscipere venientes cum laetitia:
his atque huius modi signis
a corde amantium et redamantium procedentibus
per os, per liguam, per oculos et mille motus gratissimos
quasi fomitibus conflare animos
et ex pluribus unum facere.

MANCHMAL AUCH IN DEN MEINUNGEN AUSEINANDERGEHEN UND DABEI
DIE EINTRACHT WÜRZEN
EINANDER BELEHREN
UND VONEINANDER LERNEN
DIE ABWESENDEN SCHMERZLICH VERMISSEN
DIE ANKOMMENDEN FREUDIG BEGRÜSSEN
LAUTER ZEICHEN
DER LIEBE UND GEGENLIEBE DIE AUS DEM HERZEN KOMMEN
SICH ÄUSSERN IN MIENE WORT UND TAUSEND FREUNDLICHEN GESTEN
UND WIE ZÜNDSTOFF DEN GEIST IN GEMEINSAMKEIT ENTFLAMMEN
SO DASS AUS DEN VIELEN EINE EINHEIT WIRD

(Confessiones IV,8,13)

In der Gegenüberstellung des ins Deutsche übersetzten Textes (rechte Seite) mit dem lateinischen Originaltext (linke Seite) tritt das "Miteinander" der Beziehungen deutlich hervor: schon zu Anfang durch die lateinische Vorsilbe "con" in den Wörtern *con*loqui (dt. *miteinander* reden) und *con*ridere (dt. *zusammen* lachen). Auch das lateinische Wort *vicissim* (dt. *gegenseitig*), das dreimalige *simul* (dt. *gleichzeitig*) und das zweimalige *invicem* (dt. *einander*) wollen das *Gemeinsame* betonen.

Diesen augustinischen Gedanken der *Gemeinschaft* gibt auch die entsprechende Übersetzung ins Deutsche auf dieser Schrifttafel wieder, und zwar in der häufigen Wiederholung der Wörter *"miteinander, einander, voneinander, zusammen"*. Der gesamte Verlauf des Textes führt vom ersten Wort "Miteinander" in der Anfangszeile - gleichsam dem *Schlüsselwort* - zur "Einheit aus den vielen" in der letzten Zeile.

MITEINANDER REDEN UND LACHEN SICH
GEGENSEITIG GEFÄLLIGKEITEN ERWEISEN
ZUSAMMEN SCHÖNE BÜCHER LESEN SICH
NECKEN DABEI ABER AUCH EINANDER
SICH ACHTUNG ERWEISEN MITUNTER
SICH AUCH STREITEN OHNE HASS SO
WIE MAN ES WOHL EINMAL MIT SICH
SELBST TUT MANCHMAL AUCH IN DEN
MEINUNGEN AUSEINANDERGEHEN UND DA-
MIT DIE EINTRACHT WÜRZEN EINANDER
BELEHREN UND VONEINANDER LERNEN
DIE ABWESENDEN SCHMERZLICH VER-
MISSEN DIE ANKOMMENDEN FREUDIG
BEGRÜSSEN LAUTER ZEICHEN DER LIEBE
UND GEGENLIEBE DIE AUS DEM HERZEN
KOMMEN SICH ÄUSSERN IN MIENE WORT
UND TAUSEND FREUNDLICHEN GESTEN
UND WIE ZÜNDSTOFF DEN GEIST IN GE-
MEINSAMKEIT ENTFLAMMEN SO DASS AUS
DEN VIELEN EINE EINHEIT WIRD AUGUSTINUS BEKENNTNISSE

Schlussbemerkungen

Der Text auf der Schrifttafel im Foyer gibt gleichsam die Antwort Augustins auf den großen und schmerzlichen Verlust seines engsten Jugendfreundes wieder.

Alle auf dieser Schrifttafel genannten Kontakte, deren Anfang und Ende lauten: "miteinander reden und lachen ... so dass aus den vielen eine Einheit wird", haben Augustinus seinen Schmerz über den Verlust des Jugendfreundes bewältigen lassen und ihm wieder neuen Lebensmut gegeben.

Eine - wenn auch entfernt - vergleichbare Situation haben viele Bewohner des Augustinum erlebt, da sie sich in vorausgegangenen Lebensabschnitten schmerzhaft von Angehörigen und Freunden trennen mussten und jetzt nach einem Ortswechsel ins Augustinum ein neues Haus evtl. auch ein neues Zuhause gefunden und neue Mitbewohner kennengelernt haben, die vielleicht im Laufe der Zeit die vorausgegangenen Abschiedsschmerzen lindern.

Für diesen Augustinus-Text hat Walter Habdank (1930 - 2001), der enge Mitarbeiter und Freund Georg Rückerts, eine eigene Schriftart, die sogenannte "Augustina", entworfen.

Es war eine großartige Idee von dem Gründer Pfarrer Georg Rückert, dass er gerade diesen Augustinus-Text aus dem 8. Kapitel des 4. Buches der "Bekenntnisse" für das Augustinum-Wohnstift auswählte und im Foyer, der einladenden Wandelhalle für alle Bewohner, anbringen ließ.

ANHANG

Anmerkungen

---

[1] C[hristlicher] V[erein] J[unger] M[änner]

[2] Karlsgymnasium, 81243 München-Pasing, Am Stadtpark 21

[3] Max-Planck-Gymnasium, 81241 München, Weinbergerstrasse 29

[4] Hochschule für Lehrerbildung in München-Pasing, deren Integration in die Universität München 1972 erfolgte.

[5] Deborah Neuburger, Ein Nashorn verändert die soziale Welt: Die Geschichte der Familie Rückert in Pasing, Gründer des berühmten Collegium Augustinum, in: Pasinger Archiv Bd. 22, 2003, S. 4 (= Pasinger Archiv 4)

[6] Pasinger Archiv 5

[7] Pasinger Archiv 5

[8] Pasinger Archiv 13

[9] Pasinger Archiv 14

[10] Pasinger Archiv 23

[11] 81243 München-Pasing

[12] Neue Wege der Wohnungsversorgung alter Menschen - dargestellt am Beispiel des Collegium Augustinum, in: Wohnungsprobleme sozialer Randgruppen (=Schriften zur Sozialökologie, Bd. 11). Hg. von der Arbeitsgemeinschaft für Wohnungswesen, Städteplanung und Raumordnung an der Ruhr-Universität Bochum. Bochum 1974, S. 32 (= Neue Wege)

[13] RÜCKERT, Johann Georg Gottfried, in: Biographisch-Bibliographisches Kirchenlexikon, Band XXIX (2008), Spalten 1205-1214 (hier Sp. 1213f.)

[14] Florus: *„Bonna et Gesoriacum pontibus iunxit classibusque firmavit.“* - ins Deutsche übersetzt - *„Bonna und Gesoriacum verband er [Drusus] durch Brücken und verstärkte sie mit einer Flotte.“* in: Epitoma de Tito Livio bellorum omnium annorum DCC libri duo

[15] C(AIUS) IUL(IUS) CAESAR FLUMINI PONTEM PRIMUS IMPOSUIT A(NNO) A(NTE) CHR(ISTUM) N(ATUM) LV.

[16] P[ublio] CLODIO P[ublii] F[ilio] VOL[tinia tribu] / ALB[a] MIL[iti] LEG[ionis] I / AN[norum] XLIIX STIP[endiorum] XXV / H[ic] S[itus] E[st]

[17] Nordrheinisches Klosterbuch. Lexikon der Stifte und Klöster bis 1815. Teil 1: Aachen bis Düren, Hg. v. Manfred Groten u. a. (= Studien zur Kölner Kirchengeschichte, 37. Bd. 1. Teil). Siegburg 2009, S. 384-387; Josef Dietz: Regesten von St. Isidor: In: BoGbll 8 (1954), S. 92-99; Josef Dietz: Topographie

58

der Stadt Bonn vom Mittelalter bis zum Ende der kurfürstlichen Zeit, 1. Hälfte. In: BoGbll 16 (1962), S. 142,147; 2. Hälfte. In: BoGbll 17 (1962), S. 714f.; E. Ennen, Geschichte der Stadt Bonn, 2. Teil. Bonn 1962; S. 53; J. Niesen, Geschichte der Stadt Bonn, 1. Teil. Bonn 1956, S. 184-186

[18] Anlass des truchsessischen Krieges, der von 1583 bis 1588 dauerte, war der 1582 erfolgte Glaubenswechsel des Kölner Erzbischofs und Kurfürsten Gebhard Truchsess von Waldburg, der Kurköln in ein weltliches Fürstentum umwandeln wollte. Nach seiner Heirat mit der evangelischen Stiftsdame Gräfin Agnes von Mansfeld wurde Gebhard am 2. Februar 1583 als Erzbischof abgesetzt und am 1. April 1583 von Papst Gregor XIII. exkommuniziert.

[19] Bodsch, I. (Hg.): Bonn im Blick. Druckgraphische Ansichten vom 16. bis zum 20. Jahrhundert. Bonn 2012

[20] Bonner Wochenblatt 1835, Nr. 101

[21] "10 Köllner Morgen 3 Viertel 68 Ruthen Garten vor und hinter den Gebäuden, 3/4 Morgen Baumgarten und 7 Morgen 136 Ruthen 109 Fuß Ackerland, wovon 6 Morgen 3 Ruthen 109 Fuß als Ziegelfeld benutzt werden".

[22] Maaßen, German Hubert Christian: Geschichte der Pfarreien des Dekanates Bonn. 1. Theil: Stadt Bonn. Köln 1894, S. 358

[23] Maaßen, a. a. O., S. 359

[24] Maaßen, a. a. O., S. 359

[25] Maaßen, a. a. O., S. 359

[26] Glocken der Katholischen Kirchen Bonns. Mit umfangreicher Unterstützung bearbeitet von Gerhard Hoffs, S. 69

[27] ebenda S. 296

[28] ebenda S. 294

[29] Nur vier der insgesamt 18 Häuser wurden zwischen 1974 und 1975 durch Ersteigerung übernommen.

[30] ferner Sozialdezernent Rolf Ackermann, Sozialausschuß-Vorsitzende Sigrun Lorenz-Neu und die beiden CDU-Stadtverordneten Elisabeth Böseling und Klaus Vogel.

[31] Auf der Glocke stehen die drei Inschriften: 1. HL. MATTHIAS WEHRE DEN FEIND, 2. GESTIFTET VON MATTHIAS SCHMITZ VON ESCH BEI KÖLN, 3. WILHELM-AUGUSTA-STIFT BONN 1956

[32] Glocken der Katholischen Kirchen Bonns. Mit umfangreicher Unterstützung bearbeitet von Gerhard Hoffs, S. 69

[33] ebenda S. 296

[34] ebenda S. 294

[35] Die ehemalige Kulturreferentin Heidemarie Egen schreibt in ihrem Aufsatz "DAS WOHNSTIFT AUGUSTINUM BONN", in: Beiträge zur Chronik des

Collegium Augustinum 1989, S. 329: "Zu diesen besonderen Leistungen gehörte auch die Vereinbarung zwischen dem Collegium Augustinum und der Stadt Bonn, daß bis zu fünfzig kleine Wohneinheiten von älteren Bonner Bürgern bezogen werden können; die Stadt Bonn zahlt Wohndarlehen und Pensionskosten." Ferner erwarb bereits 1972 gemäß dem Bericht derselben Autorin auch die Julius-Langenbach-Stiftung "im Wohnstift Augustinum neun Wohneinheiten für ihre 'Stiftsdamen'", d. h. für deutsche Musiklehrerinnen und Musikerwitwen.

[36] Neue Wege, S. 39
[37] ebenda S. 44
[38] ebenda S. 46
[39] ebenda S. 47
[40] ebenda S. 49
[41] ebenda S. 51
[42] Pasinger Archiv 10
[43] Teil 3 - Abbildungen Katalog Nr. 70, S. 17
[44] Teil 2 - Katalog Nr. 70, S. 63f.
[45] Hans Immanuel Hartmann (Hrsg.), Nashorn-Verlag München 1979, S. 209
[46] Confessiones IV,8,13

Bildnachweis

Bildarchive: Brigitte Regler-Bellinger und Gerhard J. Bellinger. Bildrechteinhaber, die trotz aller Bemühungen nicht ermittelt werden konnten, wenden sich bitte an den Autor.